Brigitte

KOCHEN FÜR ZWEI

Brigitte
KOCHEN FÜR ZWEI
Schnell und raffiniert

Von Inge Schiermann

Brigitte Edition
NAUMANN & GÖBEL

Inge Schiermann
war nach ihrer Ausbildung zur Hauswirtschaftsleiterin u. a. bei BRIGITTE als Redakteurin tätig. Heute arbeitet sie als freie Food-Journalistin. Von ihr stammen auch die BRIGITTE-Bücher „Kochen für Gäste“ und „Bistro“

Fotos: Jens Schiermann

Herausgeberin: Anne Volk
Lektorat: Marita Heinz
Gestaltung und DTP: Büro Dietmar Meyer
Produktion: Bernd Bartmann, Druckzentrale G + J
Umschlaggestaltung: WirtzCologne
Gesamtherstellung: Naumann & Göbel
Verlagsgesellschaft mbH, Köln
Brigitte Edition in der Naumann & Göbel
Verlagsgesellschaft mbH, Köln

ISBN 3-625-10241-2

Inhalt

So geht die Arbeit schnell von der Hand, und das Kochen macht Spaß.

125 ml

Schnell und einfach kochen – raffiniert und anspruchsvoll essen

◗ In diesem Kochbuch finden Sie leichte, raffinierte Rezepte, die dennoch unkompliziert sind. In der modernen Küche sollte zeitsparend, abwechslungsreich und gesund gekocht werden. Vor allem aber muß es gut schmecken!

Die Rezepte dieses Buches sind nicht für besondere Anlässe bestimmt, sondern zum alltäglichen Gebrauch für jeden, der gern schnell kocht und gut ißt. Die Zubereitung erfordert minimale Kochkenntnisse und dauert in der Regel weniger als dreißig Minuten. Jeder, auch der ungeübte Ab-und-zu-Koch, wird ohne Probleme in einer durchschnittlich, aber vernünftig ausgestatteten Küche ausgezeichnete Ergebnisse erzielen. Absichtlich wird in diesem Buch auf aufwendiges Kochen verzichtet.

Die Zutatenlisten sind dabei eher bescheiden als umfangreich. Die verwendeten Lebensmittel müssen nicht unbedingt teuer, sie sollen aber auf jeden Fall gut sein. Was heißt das? Bei Gemüse und Fisch bedeutet es: unbedingt frisch. Da liegt es an Ihnen, wie wählerisch Sie beim Kauf sind. Sie haben das Ergebnis sozusagen in der Hand. Problematischer ist der Einkauf von Fleisch. Nur wenn der Fleischer gut abgehangene Ware anbietet, ist das Fleisch auf dem Teller zart und saftig. Aber das können Sie nur schwer überprüfen – kaufen Sie deswegen beim Fleischer Ihres Vertrauens.

◗ Um Aroma und Geschmack zu erhalten, müssen alle Lebensmittel schonend zubereitet werden. Geschmacklich abgerundet wird dann durch frische Kräuter und Gewürze. So bleiben wertvolle, gesundheitsfördernde Mineralstoffe und Vitamine erhalten. Für Vegetarier gibt es eine Reihe fleischloser Rezepte, die durch V gekennzeichnet sind.

Die hier vorgestellte Küche ist in zweierlei Hinsicht anspruchsvoll. Das Servierte soll raffiniert sein, gut aussehen und interessant schmecken. Jedes Rezept ist also bei aller Einfachheit der Zubereitung eine kleine Spezialität, mit der man auch einen verwöhnten Gast bewirten kann.

Außerdem soll die Zubereitung aber auch schnell gehen. Wer nach einem langen Arbeitstag nach Hause kommt, möchte am liebsten auf dem Heimweg nebenbei schon alles einkaufen und dann nicht mehr lange in der Küche stehen. Ebenso wichtig ist, daß die „Nacharbeit" nicht viel Zeit in Anspruch nimmt. Wenn wenige Geräte, Töpfe und Pfannen benutzt wurden, ist die Küche schnell wieder in Ordnung. Am Ende des Buches finden Sie spezielle Menüvorschläge, die Sie wahlweise für zwei oder vier Personen kochen können. Die Zutatenmengen und der genaue Arbeitsablauf sind jeweils angegeben, damit auch Sie selbst ganz ohne Streß Ihr Essen genießen können.

- Die Rezepte sind alle erprobt und so genau wie möglich beschrieben. Trotzdem werden sich beim Kochen feine Unterschiede ergeben – der eine hat eine lockere Hand beim Würzen, der andere liebt einen zusätzlichen Schuß Sahne. Die persönliche Note macht auch hier das Besondere aus, und die Freude am Experimentieren läßt vielleicht sogar manches neue Rezept entstehen.

In 20 Minuten fertig: Kalbsmedaillons mit Limettensoße (Rezept S. 27).

Eine vernünftige Grundausstattung für die Küche im Zwei-Personen-Haushalt

Das Angebot an Küchengeräten und -zubehör ist verwirrend groß. Nicht alles, was angeboten wird, ist brauchbar, vieles ist schlicht überflüssig. Die folgende Zusammenstellung der wichtigsten Küchenwerkzeuge reicht für einen Zwei-Personen-Haushalt. Sie können sämtliche Rezepte dieses Buches – auch die Menüs – damit fachgerecht und zeitsparend zubereiten.

Pfannen, Töpfe und feuerfeste Formen

Zum Anbraten und Schmoren brauchen Sie 1 große Pfanne mit Deckel von ca. 30 cm Durchmesser. Eine schwere Edelstahlpfanne ist empfehlenswert. Diese Pfannen sind teuer, aber langlebig und nahezu unverwüstlich. Ein gut schließender Deckel ist zum Dünsten und Schmoren unerläßlich. 1 mittelgroße schwere Pfanne mit Antihaft-Beschichtung brauchen Sie zum Braten von Pfannkuchen und Omeletts, aber auch für Steaks oder Entenbrust. Diese Pfanne sollte einen Durchmesser von etwa 25 cm und ebenfalls einen Deckel haben. In den Rezepten ist jeweils angegeben, welche der beiden Pfannen gemeint ist. Zum Garen und Servieren sind 2 Portionspfannen von etwa 20 cm Durchmesser gut geeignet – ohne Deckel und Stiel, aber mit zwei Henkeln zum Anfassen. Diese Pfannen können auch zum Überbacken oder Grillen in den Backofen gestellt werden. Ihre genaue Größe richtet sich also nach Ihrem Backofen. Auch bei Töpfen hat sich Edelstahl bewährt. (Ebenso wie bei den Pfannen gibt es dazu einige sehr gute, manchmal allerdings auch teure Alternativen.) Edelstahl ist langlebig und problemlos zu pflegen.

Drei Töpfe sind notwendig:
1 großer Topf (5 l) für Suppen, Eintöpfe und Nudeln, 1 mittelgroßer Topf (3 l) für Gemüse, Reis usw. sowie 1 kleiner Stieltopf (1,5 l) zum Eierkochen und um Soßen zuzubereiten. Die Deckel sollten bei allen drei Töpfen gut schließen. Weiterhin brauchen Sie 1 große feuerfeste Form (Gratinform, ca. 28 cm Durchmesser) aus Keramik oder Metall für zwei bis vier Personen und 2 kleine Gratinformen (ca. 18 cm Durchmesser), in denen auch serviert werden kann.

Küchenmesser

Alle Messer in der Küche sollten schwer, stabil und scharf und aus rostfreiem, geschmiedetem Edelstahl sein. Achten Sie darauf, daß bei genieteten Griffen Klinge und Heft aus einem Stück sind und daß sich das Heft durch den gesamten Griff bis nach hinten zieht.
Vier Messer sind notwendig:
1 kleines Messer („Kartoffelschälmesser") mit gebogener Klinge, insgesamt etwa 16 cm lang, 1 kleines Arbeitsmesser mit gerader, spitzer, kräftiger Klinge zum Putzen von Gemüse, etwa 18 cm lang, 1 großes Messer von etwa 32 cm Länge mit breiter, kräftiger und schwerer Klinge zum Schneiden von Fleisch, Hacken von Kräutern usw. und außerdem 1 Brotmesser mit Wellenschliff. Zum Schärfen der Messer brauchen Sie noch 1 Wetzstahl und als Schneide- und Hackunterlage (Kräuter) mindestens 1 Holzbrett, nicht zu klein und aus hartem Holz geleimt. Außerdem gehört zur Grundausstattung 1 kräftige Küchenschere zum Zerkleinern von Geflügel und zum Schneiden von Schnittlauch oder Kresse. In Spezialgeschäften gibt es diese Scheren auch für Linkshänder.

Elektrische Kleingeräte

Viele nützliche (aber auch viele weniger nützliche) Elektrogeräte werden angeboten, um die Arbeit in der Küche zu erleichtern. Absolut notwendig sind diese drei:
Das klassische elektrische Handrührgerät mit Quirlen, Knethaken und Schneidstab, der elektrische Zerkleinerer („Blitzhacker") zum schnellen Hacken von Kräutern, Nüssen usw., ein kleiner, transportabler elektrischer Küchenwecker zum Einstellen von Garzeiten.

Gute Töpfe und Pfannen sind nahezu unverwüstlich.

Kleinwerkzeuge und Zubehör: Von der Schüssel bis zum Korkenzieher

- 1 Satz Arbeitsschüsseln,
- 1 großes Spitzsieb zum Passieren von Soßen und Suppen,
- 1 kleines Sieb für kleinere Mengen,
- 1 Meßbecher (Meßbereich 1/8 bis 1/2 l) für Flüssigkeiten,
- 1 kleine Küchenwaage,
- 1 Salatschleuder für Blattsalat und größere Mengen von Kräutern,
- 1 Schneebesen,
- 1 kleiner Soßenschneebesen,
- 1 Durchschlag zum Waschen und Abtropfen von Gemüse,
- 1 Schaumkelle,
- 1 Suppenkelle,
- 1 Soßenkelle,
- 1 Sparschäler zum Schälen von Spargel, Möhren und Gurken,
- 1 Gummischaber,
- 1 Pinsel zum Einfetten,
- 1 kräftiger Pinsel: Damit können Sie Zuchtpilze trocken putzen,
- 1 Rohkostreibe, am besten quadratisch, mit vier unterschiedlichen Reibflächen,
- 1 Pfeffermühle,
- 1 Mörser für trockene Gewürze und Kräuter,
- 1 Knoblauchpresse mit Dorn (eignet sich auch zum Entsteinen von Oliven oder Kirschen. Es können auch Zwiebeln oder Schalotten in ihr gepreßt werden),
- 1 Zitruspresse,
- 1 Muskatreibe,
- 1 Dosenöffner,
- 1 Korkenzieher,
- 1 Rolle Pergamentpapier,
- 1 Rolle Alufolie,
- 1 Rolle Klarsichtfolie,
- Küchenkrepp.

Gutes Handwerkszeug erleichtert Ihnen das Kochen sehr.

10
20

Das sollte immer vorrätig sein

- Die Rezepte dieses Buches sind so zusammengestellt, daß die meisten Zutaten immer vorrätig sein können, also jeweils nur weniges frisch eingekauft werden muß.

Die wichtigsten haltbaren Lebensmittel

- Butterschmalz und Pflanzenöl zum Braten,
- Butter,
- Pflanzenöl zum Braten und Dünsten,
- Olivenöl, kaltgepreßt (extra vergine) für kalte Speisen,
- Parmesankäse im Stück,
- Zwiebeln, rote und braune,
- Schalotten,
- Knoblauchknollen,
- Kartoffeln,
- Reis, Lang- und Rundkorn,
- Weißwein und trockener Wermut,
- Weizenmehl,
- Nudeln,
- Zucker,
- Salz, Kräutersalz.

Zu einigen Lebensmitteln für den Vorrat ein paar wichtige Anmerkungen: Während reine Butter bei starker Hitze verbrennt, kann Butterschmalz (oder Butterfett) sehr heiß werden, ohne störenden Nebengeschmack zu entfalten. Das ist besonders wichtig bei Fleischgerichten mit wenig, aber raffinierter Soße. Pflanzenöl ist geschmacksneutral und wird zum Dünsten und Braten benötigt. Es ist wie Butterschmalz lange haltbar und wird nicht ranzig. An Olivenöl sollte man nur die Sorte „kaltgepreßt“ oder „extra vergine“ verwenden. Dieses Öl ist sehr gesund und schmeckt besonders gut. Aufbewahrung: dunkel und kühl, aber nicht im Kühlschrank. Olivenöl schmeckt am besten zu feinen Salaten, kalten Gemüsegerichten und Fisch. Kaufen Sie es nur in kleinen Mengen, die Sie dann zügig verbrauchen können.

Parmesankäse kauft man am besten im Stück und verwendet ihn dann stets frisch gerieben. Zwiebeln jeder Art sind in der Küche ein „Muß“. Die roten sind etwas weniger scharf und milder im Geschmack als die braunen. Sie sehen auch besonders hübsch aus. Schalotten eignen sich zum Verfeinern und Binden von Soßen. Knoblauch sollte möglichst nur frisch verwendet werden. Die kleinen grünen Keime, die sich bei der Lagerung bilden, müssen Sie vor dem Gebrauch entfernen. Meerrettich schmeckt frisch am besten! Jedoch braucht man zu zweit selten mehr als einen bis zwei Eßlöffel. Reiben Sie die ganze frische Meerrettichstange und mischen Sie vier Eßlöffel Zitronensaft und einen Becher Crème fraîche (150 g) darunter. In kleinen Portionen eingefroren, hält sich die Meerrettichcreme drei bis vier Monate.

Begrenzt Haltbares

- Eier,
- Schlagsahne,
- Crème fraîche,
- Crème double,
- Schmand,
- schnittfester Käse, z. B. Edamer oder Emmentaler.

Eier können Salmonellenkeime haben, die sich bei Wärme schnell vermehren. Achten Sie beim Einkauf auf das Legedatum – die Eier sollten nicht älter als fünf Tage sein. Zu Hause dann kühl und höchstens zehn Tage lagern. Gerichte mit rohem Ei möglichst am selben Tag aufessen.

Gewürze und Würzzutaten

- Instantbrühe,
- Meerrettich im Glas oder in der Tube,
- Fleischextrakt,
- Worcestersauce,
- Weinbrand und/ oderCalvados,
- trockener Wermut oder Sherry,
- Zitronen und Saftorangen,
- Weinessig und Balsamessig,
- Pfefferkörner, weiß und schwarz,
- grüne, eingelegte Pfefferkörner,
- provençalische Kräuter, getrocknet,
- Majoran und Thymian, getrocknet,
- Koriander und Kümmelsamen, getrocknet,
- Curry,
- Cayennepfeffer,
- Wacholderbeeren,
- Senf und Senfkörner,
- Anissamen,
- Sambal Oelek (roter Pfefferbrei),
- Sojasoße,
- Tabasco,
- Rosinen,
- getrocknete Pflaumen und Aprikosen,
- getrocknete Steinpilze,
- Paprika,
- Rosmarin,
- Salbei,
- Lorbeerblätter.

Instantbrühe gibt es als Geflügel-, Rindfleisch- oder Gemüsebrühe in Pulver-, Pasten- oder Würfelform. Für den kleinen Haushalt lohnt es sich in der Regel nicht, einen eigenen Fond zu kochen.

Praktisch: Die Knoblauchpresse besitzt einen Dorn zum Entsteinen von Oliven.

Deswegen sind diese Instantbrühen eine gute Alternative für die kleine, schnelle Küche. Fleischextrakt ist unerläßlich zur Herstellung oder Verfeinerung von Soßen. Diese stark konzentrierte Fleischbrühe ist besonders wichtig, wenn für Kurzgebratenes Soßen gewünscht werden. Vorsichtig und in kleinen Mengen gebrauchen! Zwei Sorten Essig sind empfehlenswert: ein guter, reiner Weinessig und ein Balsamessig. Während Weinessig kräftig würzt, zeichnet sich der aufwendiger hergestellte und in Fässern abgelagerte Balsamessig („Aceto balsamico") durch feine Würze und mildes Aroma aus. Er ist besonders geeignet für Salate und zum Würzen und Abschmecken feiner Fleischsoßen. Pfeffer sollte am besten immer frisch gemahlen direkt aus der Mühle verwendet werden. Grüne, eingelegte Pfefferkörner sind nicht nur scharf, sondern vor allem auch sehr würzig. Vorsichtig verwendet und unzerdrückt am Ende der Garzeit ins Gericht gegeben, entfalten sie eine köstliche Würze. Senf: Die Wahl der Senfsorte ist Geschmackssache. Zum Würzen liegt man mit dem mittelscharfen Senf meistens richtig. Sambal Oelek ist ein sehr scharfer, roter Pfefferbrei, der aus der indonesischen Küche zu uns gekommen ist. Sehr vorsichtig verwenden! Getrocknete Steinpilze sind eine ganz besondere Spezialität. Sie werden in kleinen Päckchen angeboten und sind ziemlich teuer, allerdings auch sparsam im Verbrauch. Schon eine kleine Menge (20 g) bringt einen intensiven, feinen Pilzgeschmack. Gut verschlossen aufbewahren, sonst verfliegt das Aroma.

Nüsse, Kerne und Samen

- Sonnenblumenkerne,
- Mandeln, Mandelblättchen,
- Kürbiskerne,
- Pinienkerne,
- Pistazienkerne,
- Sesam.

Nüsse, Kerne und Samen gehören zum Besten, was die Natur dem Menschen zu bieten hat. Sie enthalten mehrfach ungesättigte Fettsäuren wie zum Beispiel Linolsäure, aber auch Eiweiß, Vitamine und Spurenelemente in konzentrierter Form. Besonders fleischlose Gerichte werden durch Kürbis- oder Sonnenblumenkerne ernährungsphysiologisch auf ideale Weise ergänzt. Durch leichtes Rösten (ohne Fett) entfalten sie ein köstliches Aroma. Kürbiskerne, Sesam und Sonnenblumenkerne sind fast unbegrenzt haltbar, wenn sie gut verschlossen aufbewahrt werden.

Zubereitungszeiten

Sie sind bei allen Rezepten angegeben. Damit ist immer die gesamte Zeit von Beginn der Zubereitung an bis zum Servieren gemeint. Zu den Menüs, die naturgemäß etwas arbeitsaufwendiger sind, gibt es Arbeitspläne, die Ihnen die Organisation erleichtern sollen. Zu vielen Rezepten werden spezielle Beilagen, Vorspeisen und Desserts empfohlen. Diese kleinen zusätzlichen Rezepte sind besonders einfach in der Zubereitung und lassen sich nebenbei machen. Die Zubereitungszeiten ändern sich dadurch nicht wesentlich. Die Kalorienangaben gelten immer jeweils für eine Portion. Die meisten Rezepte in diesem Buch haben besonders kurze Garzeiten. Backöfen von Elektroherden müssen daher wie angegeben vorgeheizt werden. Übrigens: Alle fleischlosen Rezepte sind mit V gekennzeichnet.

Konserven

- Tomatenmark in der Tube,
- geschälte Tomaten in der Dose,
- pürierte Tomaten,
- Thunfisch in der Dose,
- Maiskörner in der Dose,
- Sauerkraut/ Weinkraut.

Alkohol kann in den Rezepten entweder durch frisch gepreßte Säfte (Grapefruit- oder Orangensaft) oder durch ungesüßte, fertige Säfte (aus dem Reformhaus) ersetzt werden.

Frische Kräuter

- Glatte Petersilie in der Vase. Krause tut's zur Not auch, die glatte schmeckt aber würziger (Wasser öfter erneuern!),
- Basilikum, Schnittlauch und Zitronenmelisse im Topf (auf der Fensterbank oder auf dem Balkon).

Kräuter lassen sich gut auf Fensterbank oder Balkon frischhalten.

Zutaten zum Rezept „Kalbsröllchen mit Schinken und Salbei" auf der nächsten Seite.

Fleisch und Geflügel

Wegen ihrer kurzen Garzeit bieten sich zarte, kleine Fleischstücke und edle Geflügelteile für die schnelle Küche besonders an. Durch immer neue, leichte und raffinierte Soßen und interessante Zutaten erhalten sie ihre besondere Note. Gemüsebeilagen ergänzen die Mahlzeit.

Kalbsröllchen mit Schinken und Salbei

4 sehr dünne Kalbsschnitzel (à 100 g), frisch gemahlener Pfeffer, 4 sehr dünne Schinkenscheiben (Parmaschinken), 8 frische Salbeiblätter, 1 Eßl. Butterschmalz, 1/4 Tasse Wasser, 1/2 Teel. Fleischextrakt, 1/2 Glas weißer Wermut extra dry.

1 Kalbsschnitzel pfeffern und mit je einer Schinkenscheibe und zwei Salbeiblättern belegen. Die Fleischscheiben aufrollen und mit Holzspießchen feststecken.
2 Butterschmalz in der kleinen Pfanne erhitzen und die Röllchen rundherum darin anbraten. Das Fett abgießen.
3 Wasser, Fleischextrakt und Wermut hinzufügen, aufkochen und alles zugedeckt 15 Minuten schmoren.
4 Die Röllchen aus der Pfanne nehmen. Den Sud offen einkochen.
5 Die Röllchen in Scheiben schneiden und auf vorgewärmten Tellern anrichten, den Sud darüber verteilen.

Ca. 30 Minuten, 320 Kalorien

Beilage:
Brokkoli mit Haselnußbutter

500 g Brokkoli putzen, die dicken Stiele abschneiden und wie Spargel schälen. Wenig Salzwasser zum Kochen bringen. Zuerst die Stiele, dann die Kohlröschen in den Topf geben. Zugedeckt 12 Minuten kochen. 1 Eßl. Butter und 2 Eßl. gehackte Haselnüsse bräunen. Den abgetropften Brokkoli darin schwenken.

Kalbsgeschnetzeltes

150 g braune Champignons, 1 Zwiebel, 250 g Kalbsschnitzel, 1 Eßl. Butterschmalz, 1 Eßl. eingelegter grüner Pfeffer, Saft von 2 Orangen, 2 Eßl. Crème fraîche, Salz, 1 Prise Zucker, etwa 10 frische Minzeblätter.

1 Die Champignons mit dem Pinsel putzen, am Stielende etwas abschneiden und in Scheiben schneiden. Die Zwiebel abziehen und würfeln. Das Fleisch in schmale Streifen schneiden.
2 Butterschmalz in der großen Pfanne erhitzen und das Fleisch unter Wenden etwa zwei Minuten braten. Aus der Pfanne nehmen.
3 Zwiebelwürfel und Champignons im Bratfett unter Wenden zwei Minuten dünsten.
4 Die abgetropften Pfefferkörner und den ausgepreßten Orangensaft hinzufügen. Das Fleisch dazugeben und alles zugedeckt fünf Minuten schmoren.
5 Danach Crème fraîche unterrühren und offen etwas einkochen. Mit Salz und Zucker abschmecken und mit den Minzeblättchen bestreut anrichten.

Ca. 30 Minuten, 300 Kalorien

Dazu: **Vollkornreis**

Kalbsmedaillons mit Limettensoße

4 Scheiben Kalbsfilet (à etwa 80 g), frisch gemahlener Pfeffer, 1 Eßl. Butterschmalz, 5 Eßl. Kalbsfond (Glas; ersatzweise Rindfleischbrühe), 5 Eßl. trockener Wermut, Saft von 1/2 Limette, 1/2 Becher Schlagsahne (125 g), 1 Eßl. Butter, je 1 Prise Salz und Zucker.

1 Die Fleischstücke mit Pfeffer würzen. Butterschmalz in der Pfanne erhitzen und die Medaillons von jeder Seite etwa zwei Minuten braten. Aus der Pfanne nehmen und im vorgeheizten Backofen bei 70 Grad warmhalten.

2 Das Fett aus der Pfanne abgießen und den Kalbsfond angießen, bis auf einen kleinen Rest einkochen. Dann Wermut und Limettensaft dazugießen und ebenfalls einkochen. Nun die Sahne einrühren und um die Hälfte einkochen.

3 Die Pfanne von der Kochstelle nehmen und die Butter in Flöckchen einrühren. Die Soße mit Salz und Zucker abschmecken.

4 Kalbsmedaillons und Limettensoße auf vorgewärmten Tellern anrichten.

Foto Seite 9 Ca. 20 Minuten, 560 Kalorien

Beilage:

Spargel-Möhren-Gemüse

250 g Spargel schälen und 250 g junge Möhren schräg in sehr dünne, lange Scheiben schneiden. 15 Minuten in einem Topf gar kochen. Abgezogene Schale von 1/2 Limette (übrig beim Medaillon) und Butter erhitzen und das abgetropfte Gemüse darin schwenken.

Kalbsschnitzel in Steinpilzsahne

15 g getrocknete Steinpilze, 2 Kalbsschnitzel (à 125 g; etwa 1 cm dick), 2 Schalotten, 1 Teel. Butterschmalz, 1 Eßl. Crème fraîche, Salz, frisch gemahlener Pfeffer.

1 Die Steinpilze in einem Achtelliter heißem Wasser etwa 15 Minuten einweichen.

2 Die Fleischscheiben mit Küchenkrepp trockentupfen. Die Schalotten abziehen und hacken.

3 Butterschmalz in der kleinen Pfanne erhitzen und das Fleisch von jeder Seite etwa eine Minute braten. Aus der Pfanne nehmen.

4 Die Schalotten im Bratfett weichdünsten. Die Pilze mit der Einweichflüssigkeit dazugeben. Alles offen etwa um die Hälfte einkochen.

5 Crème fraîche einrühren, mit Salz und Pfeffer abschmecken.

6 Das Fleisch zurück in die Pfanne geben und etwa eine Minute offen darin schmoren.

Ca. 15 Minuten, 280 Kalorien

Dazu: Butterspinat

750g Spinat verlesen und gründlich waschen. Tropfnaß mit einer Prise Salz im Topf zusammenfallen lassen. In 1 Eßlöffel heißer Butter schwenken, etwas Pfeffer darübermahlen. Bei guter Hitze unter gelegentlichem Wenden offen etwa zwei Minuten dünsten. Sofort servieren.

Kalbsschnitzel gratiniert

50 g Schinkenspeck oder Parmaschinken, 1 Eßl. Butterschmalz, 2 sehr dünne Kalbsschnitzel (à 100 g), 1/2 Tasse Schlagsahne, 1 Teel. Balsamessig, Salz, frisch gemahlener Pfeffer, 75 g Gorgonzola (oder ein anderer Edelpilzkäse).

1 Den Schinken in feine Streifen schneiden.
2 Butterschmalz in der kleinen Pfanne erhitzen und den Schinken kurz darin schwenken, herausnehmen.
3 Kalbsschnitzel in die Pfanne geben. Von jeder Seite etwa eine Minute braten. Aus der Pfanne nehmen und das Fett abgießen.
4 Den Bratensatz mit Sahne loskochen und cremig einkochen. Mit Balsamessig, Salz und Pfeffer würzen.
5 Das Fleisch zurück in die Pfanne geben. Schinkenstreifen darüberstreuen. Gorgonzola in kleinen Flöckchen darauf verteilen. Zugedeckt bei mittlerer Hitze etwa zwei Minuten schmelzen lassen.

Ca. 15 Minutens, 490 Kalorien

Beilage: **Zitronen-Fenchel**

2 kleine Fenchelknollen putzen und vierteln, das zarte Grün aufheben. Die Viertel in 1/4 l Gemüsebrühe (Instant) mit dem Saft von 1/2 Zitrone etwa 15 Minuten kochen. Abgetropft mit brauner Butter übergießen, mit dem gehackten Fenchelgrün bestreuen.

Kalbfleisch in Orangenbutter

2 Kalbsschnitzel (à 100 g; sehr dünn geschnitten), 1 Eßl. Butterschmalz, 2 rote Zwiebeln, 1/4 Teel. Zucker, Saft von 1 Orange (vorher 2 Orangenscheiben abschneiden), 1 Teel. Butter, Salz, frisch gemahlener Pfeffer.

1 Die Kalbsschnitzel in je drei Stücke schneiden. Butterschmalz in der kleinen Pfanne erhitzen und das Kalbfleisch schnell von jeder Seite etwa eine Minute anbraten. Aus der Pfanne nehmen und zugedeckt warm halten.
2 Die roten Zwiebeln abziehen, in Streifen schneiden und im Bratfett glasig dünsten. Zucker darüberstreuen und leicht karamelisieren lassen.
3 Mit Orangensaft ablöschen. Aufkochen und etwas einkochen lassen. Vom Herd nehmen und die Butter in kleinen Stückchen einrühren. Mit Salz und Pfeffer abschmecken und über das Fleisch geben. Mit Orangenscheiben garnieren.

Ca. 20 Minuten, 230 Kalorien

Dazu: **Brokkoli**

Kalbsschnitzel Parmigiano

2 Kalbsschnitzel (à 150 g), frisch gemahlener Pfeffer, Mehl, 1 Eßl. Butterschmalz, Salz, 2 Eßl. frisch geriebener Parmesankäse, 3 kleine Tomaten, Kräutersalz, 1 Teel. Butter, einige frische Basilikumblätter.

1 Die Schnitzel pfeffern und leicht mit Mehl bestäuben. Butterschmalz in der kleinen Pfanne erhitzen und das Fleisch von jeder Seite etwa eineinhalb Minuten braten.

2 Vorsichtig salzen und den geriebenen Käse auf die Fleischscheiben häufen.

3 Die Tomaten halbieren und mit der Schnittfläche nach oben daneben setzen. Mit Kräutersalz und Pfeffer würzen und mit Butterflöckchen belegen.

4 Die Pfanne schließen und alles bei kleinster Hitze fünf Minuten backen.

5 Die Tomaten mit frischen Basilikumblättern belegen.

Ca. 20 Minuten, 320 Kalorien

Beilage:

Gedünsteter Mangold

1 Staude Mangold putzen und waschen. Die dicken Stiele abschneiden. Die Blätter und die zarten inneren Stiele in fingerlange Stücke schneiden. Den Mangold in reichlich Salzwasser etwa 2 Minuten blanchieren. Zum Abtropfen auf ein Sieb geben. 1 1/2 Eßl. Butter und 1 gehackte Knoblauchzehe in der Pfanne erhitzen. Den abgetropften Mangold offen unter Wenden zwei Minuten darin dünsten, Pfeffer darübermahlen.

Rinderfilet mit Gorgonzola-Birne

1 reife, weiche Birne, 1 Eßl. Zitronensaft, 2 Filetsteaks (à 175 g), frisch gemahlener Pfeffer, 1/2 Eßl. Butterschmalz, 1 Scheibe Gorgonzola (ca. 80 g), 3 Eßl. Schlagsahne, 1 Eßl. Weinbrand, Salz.

1 Die Birne schälen, entkernen und mit Zitronensaft beträufeln.

2 Die Steaks pfeffern. Butterschmalz in der kleinen Pfanne erhitzen. Die Steaks hineinlegen und von der einen Seite drei Minuten braten.

3 Die Steaks wenden und mit je einer Birnenhälfte und einer Scheibe Gorgonzola belegen. Die Pfanne schließen und die Steaks bei mittlerer Hitze drei Minuten weiterbraten.

4 Die Steaks auf zwei vorgewärmte Teller legen. Den Bratensatz mit Sahne loskochen. Mit Weinbrand und Salz abschmecken und zum Fleisch geben.

Ca. 15 Minuten, 490 Kalorien

Dazu: **Baguette**

Rinderfilet de Bilio

1 Eßl. Butterschmalz, 2 Filetsteaks (à 150 g), 2 cl Weinbrand, 1/2 Tasse Schlagsahne, 50 g Gorgonzola, Salz, frisch gemahlener Pfeffer.

1 Butterschmalz in der kleinen Pfanne erhitzen. Die Steaks hineingeben und von jeder Seite etwa drei Minuten braten.
2 Das Fleisch aus der Pfanne nehmen und zugedeckt warm halten. Das Fett aus der Pfanne weggießen.
3 Weinbrand in die Pfanne gießen und den Bratensatz unter Rühren ablösen. Sahne einrühren und einmal aufkochen lassen.
4 Vom Käse zwei dünne Scheiben abschneiden. Den Rest in die Pfanne rühren. Mit Salz und Pfeffer abschmecken.
5 Steaks salzen, pfeffern und mit je einem Scheibchen Käse darauf auf zwei Tellern anrichten. Den beim Warmhalten ausgetretenen Fleischsaft in die Pfanne rühren. Die Soße um die Filetsteaks herum verteilen.

Ca. 10 Minuten, 500 Kalorien

Dazu: **Baguette**

Beilage: **Paprikagemüse**

Je 1 rote und gelbe Paprikaschote putzen, waschen und in nicht zu kleine Stücke schneiden.
3 Eßl. Öl in der Pfanne erhitzen und das Paprikagemüse unter gelegentlichem Wenden 10 Minuten braten. Mit 4 Eßl. Balsamessig ablöschen, leicht salzen und pfeffern.

Rinderfilet mit Calvados

400 g Rinderfilet im Stück, frisch gemahlener Pfeffer, 2 Teel. Butterschmalz, 1 Apfel, 4 cl Calvados oder Weinbrand, 2 Eßl. Schmand, Salz.

1 Das Filet mit Küchenkrepp trockentupfen. Mit Pfeffer würzen.
2 Butterschmalz in der kleinen Pfanne erhitzen und das Filet im Stück rundherum etwa acht Minuten anbraten. Währenddessen den Apfel schälen, entkernen und in dünne Spalten schneiden.
3 Das Fleisch aus der Pfanne nehmen und auf einem vorgewärmten Teller zugedeckt warm halten. Die Apfelspalten im verbliebenen Bratfett schwenken.
4 Die Apfelspalten an den Pfannenrand schieben. Den Bratensatz mit Calvados ablöschen. Den Schmand vorsichtig einrühren, mit Salz abschmecken.
5 Das Fleisch salzen und schräg in Scheiben schneiden. Mit Apfel und Soße anrichten.

Ca. 20 Minuten, 410 Kalorien

Dazu: **Baguette**

Rinderfilet mit Calvados

Rinderfilet mit Sesamkruste

300 g Rinderfilet-Spitzen, 3 Eßl. Sojasoße, 1 Eßl. Mehl, 1 Ei, 50 g Sesam (geschält), 1 Eßl. Butterschmalz, 2 Eßl. Preiselbeerkompott, 1 1/2 Eßl. geriebener Meerrettich.

1 Das Filet in daumendicke Scheiben schneiden. Mit Sojasoße einpinseln. Dann nacheinander in Mehl, verquirltem Ei und Sesam wenden.
2 Butterschmalz in der großen Pfanne erhitzen und die Filetscheiben von jeder Seite etwa eine Minute braten.
3 Inzwischen die Preiselbeeren mit Meerrettich verrühren.
4 Die Filets auf zwei vorgewärmte Teller legen und die Preiselbeeren daneben anrichten.

Ca. 15 Minuten, 400 Kalorien

Beilage:

gedünstete Lauchzwiebeln

2 Bund Lauchzwiebeln putzen und waschen. 1 Eßl. Butter in der Pfanne erhitzen und die tropfnassen Zwiebeln hineingeben. Bei mittlerer Hitze zugedeckt etwa 10 Minuten dünsten. Mit 2 Eßl. Sojasoße würzen.

Rumpsteak mit Nußhaube

1 Zwiebel, 50 g Walnüsse, 1 Bund glatte Petersilie, 1 Teel. Butter, Salz, frisch gemahlener Pfeffer, 1 Eßl. Crème double, 1 Eßl. Butterschmalz, 2 Rumpsteaks (à 170 g), 50 ml Wermut, 1/2 Teel. Fleischextrakt.

1 Die Zwiebel abziehen und fein würfeln. Die Walnüsse und die Petersilie fein hacken.
2 Butter in der kleinen Pfanne erhitzen und die Zwiebelwürfel darin weich dünsten. Aus der Pfanne nehmen und mit gehackten Walnüssen, Petersilie, Salz und Pfeffer vermischen. Crème double unterheben.
3 Butterschmalz in der Pfanne erhitzen und die Steaks auf der einen Seite vier Minuten braten.
4 Die Steaks wenden und die Nußcreme daraufhäufen. Die Pfanne schließen und die Steaks vier Minuten weiterbraten.
5 Die Steaks aus der Pfanne nehmen und zugedeckt warm halten.
6 Das Fett aus der Pfanne weggießen und den Bratensatz mit Wermut ablöschen, Fleischextrakt einrühren. Unter Rühren loskochen. Durch ein Sieb gießen und zum Fleisch geben.

Ca. 25 Minuten, 550 Kalorien

Dazu:

Zitronen-Fenchel (siehe Seite 26)

Rumpsteak mit roten Zwiebeln

3 rote Zwiebeln, 2 Rumpsteaks (à 150 g), frisch gemahlener Pfeffer, 1 Eßl. Butterschmalz, 100 ml Rotwein, 1/2 Teel. Fleischextrakt, 1/2 Tasse Schlagsahne, Salz.

1 Die Zwiebeln vierteln, abziehen und die Zwiebelschichten voneinander trennen.
2 Die Steaks pfeffern. Butterschmalz in der kleinen Pfanne erhitzen. Die Steaks auf jeder Seite etwa zwei bis drei Minuten braten. Aus der Pfanne nehmen und zugedeckt warm stellen.
3 Die Zwiebeln im Bratfett eine Minute unter Wenden andünsten. Mit Rotwein ablöschen und kräftig offen einkochen. Fleischextrakt einrühren. Sahne dazugeben, nochmals aufkochen. Mit Salz abschmecken.
4 Die Steaks auf Tellern anrichten, die Zwiebeln und die Soße darüber verteilen.

Ca. 20 Minuten, 480 Kalorien

Beilage:
Kohlrabi-Möhren-Gemüse

1 Kohlrabi und 3 Möhren schälen und in Stifte schneiden. 1 Eßl. Butter, 5 Eßl. Wasser und 1/2 Teel. abgeriebene Zitronenschale mit dem Gemüse in einen Topf geben. Etwas salzen und pfeffern. Einmal aufkochen lassen und gut zugedeckt bei mittlerer Hitze 15 Minuten dünsten. 2 Eßl. gehackte Petersilie unter das Gemüse heben.

Geschnetzeltes mit Majoransahne

2 Scheiben Rumpsteak (à 150 g), 4 Schalotten, 1 Eßl. Butterschmalz, 1 Eßl. getrockneter Majoran, 1/8 l Schlagsahne, 1/4 Teel. Fleischextrakt, Salz, frisch gemahlener Pfeffer, 2 Eßl. Weinbrand.

1 Die Rumpsteaks in feine Streifen schneiden.
2 Schalotten vierteln und die Schale abziehen.
3 Butterschmalz in der kleinen Pfanne erhitzen und die Schalotten unter ständigem Rühren etwa eine Minute dünsten.
4 Das Fleisch dazugeben und bei kräftiger Hitze etwa drei Minuten unter häufigem Wenden braten. Majoran darüberstreuen.
5 Die Sahne zugießen, verrühren und offen eine Minute köcheln lassen.
6 Mit Fleischextrakt, Salz und Pfeffer würzen. Mit Weinbrand abschmecken.

Ca. 15 Minuten, 490 Kalorien

Dazu: **Spätzle und Salat**

Gefülltes Hacksteak

400 g Beefsteakhack, 1 Teel. eingelegte grüne Pfefferkörner, 1/2 Teel. Salz, 1 Teel. Senf, 1 Eßl. weiche Butter, 50 g Edelpilzkäse, 2 Eßl. Sesam, 1 kleines Glas Rotkohl, Saft von einer Orange, 1 große Birne, 1 Eßl. Butterschmalz.

1 Beefsteakhack in eine Schüssel geben. Mit zerdrückten Pfefferkörnern, Salz, Senf und weicher Butter vermischen. In zwei Portionen teilen, beide rund formen, mit dem Daumen eindrücken und mit je einem Stück Käse füllen. Etwas flach drücken.

2 Die Steaks in Sesam wenden.

3 Den Rotkohl mit Orangensaft erhitzen. Die Birne waschen, entkernen, in Stücke schneiden und hinzufügen.

4 Butterschmalz in der Pfanne erhitzen und die Hacksteaks von jeder Seite etwa vier Minuten braten.

5 Die Hacksteaks in die Tellermitte setzen, den Rotkohl drum herum anrichten.

Ca. 25 Minuten, 750 Kalorien

Dazu: **Röstkartoffeln**

Hackfleisch mit Kräutern und Pilzen

1 Schalotte, 200 g braune Champignons, 1 Eßl. Butterschmalz, 300 g Rinderhack, 1/2 Teel. getrockneter Thymian, frisch gemahlener Pfeffer, 1 Teel. Gemüsebrühe (Instantpulver), 50 ml Weißwein, 1 Bund glatte Petersilie, 2 Eßl. Crème fraîche, Salz, 1 Tablett Kresse.

1 Die Schalotte abziehen und würfeln. Die Pilze mit einem Pinsel putzen und in Scheiben schneiden.

2 Butterschmalz in der großen Pfanne erhitzen. Die Schalotte glasig dünsten. Hackfleisch hinzufügen und unter Wenden kräftig anbraten. Die Pilze hinzufügen und mitbraten. Mit Thymian, Pfeffer und Gemüsebrühe würzen.

3 Weißwein hinzugießen und alles offen schmoren. Inzwischen die Petersilie hacken.

4 Crème fraîche und Petersilie in die Pfanne rühren. Mit Salz abschmecken.

5 Kurz vorm Essen die Kresse mit der Schere darüberschneiden.

Ca. 25 Minuten, 340 Kalorien

Dazu: **Spaghetti**

Porreefleisch

400 g mageres Lammfleisch aus der Keule, Salz, frisch gemahlener Pfeffer, 500 g Porree, 1 Eßl. Butterschmalz, 1 Knoblauchzehe, 1 Becher saure Sahne (150 g).

1 Das Fleisch in bleistiftdicke Streifen schneiden, dabei das Fett sorgfältig entfernen. Mit Salz und Pfeffer würzen. Den Porree putzen, waschen, in feine Ringe schneiden.
2 Butterschmalz in der großen Pfanne erhitzen und das Fleisch darin rundherum anbraten.
3 Porree hinzufügen und die abgezogene Knoblauchzehe darüberpressen. Unter Wenden etwa drei Minuten dünsten, dabei die Temperatur zurückschalten.
4 Vier Eßlöffel Wasser dazugeben. Zugedeckt 15 Minuten schmoren.
5 Jede Portion mit zwei Eßlöffel saurer Sahne servieren.

Ca. 30 Minuten, 450 Kalorien

Statt Lammfleisch eignet sich auch gut abgehangenes Rumpsteak.

Dazu: **Baguette**

Beilage: **Glasierte Möhren**

4 Möhren schälen und in Scheiben schneiden. 1 Eßl. Butter, 1 Teel. Zucker, 1/2 Teel. Senf, etwas Salz und frisch gemahlenen Pfeffer in einem Topf erhitzen und verrühren. Die Möhrenscheiben hinzufügen. Zugedeckt unter gelegentlichem Schwenken etwa 15 Minuten bei kleiner Hitze dünsten.

Gebratene Lammkoteletts mit Zitrone

1 Knoblauchzehe, 4 Lammkoteletts (à 200 g), 1 Eßl. Zitronensaft, frisch gemahlener Pfeffer, 3 Eßl. Öl, 2 kleine frische Rosmarinzweige, 4 Eßl. Weißwein, 2 Eßl. Sahne, Salz.

1 Knoblauch abziehen und zerdrücken.
2 Die Koteletts mit dem Knoblauch einreiben, mit Zitronensaft beträufeln, leicht pfeffern.
3 Öl in der großen Pfanne erhitzen und die Lammkoteletts von jeder Seite etwa drei Minuten braten.
4 Koteletts aus der Pfanne nehmen und zugedeckt warm halten. Das Fett aus der Pfanne weggießen. Rosmarinzweige in die Pfanne geben. Den Bratensatz mit Wein loskochen. Sahne einrühren und einmal aufkochen lassen. Mit Salz abschmecken.

Ca. 20 Minuten, 630 Kalorien

Beilage: **Pilaw mit Rosinen**

2 Eßl. Öl in der kleinen Pfanne erhitzen. 100 g Langkornreis darin andünsten. 1 gewürfelte rote Zwiebel hinzufügen und kurz mitdünsten. 50 g Rosinen und 2 zerriebene Lorbeerblätter dazugeben. Mit 4 Eßl. Weißwein ablöschen und alles offen eindampfen lassen. 1/8 l Gemüsebrühe (Instant) dazugießen und einmal aufkochen lassen. Zugedeckt etwa 12 Minuten auf kleinster Hitze garen.

Lammfleisch mit Joghurt

400 g Lammfleisch aus der Keule (ohne Knochen), 3 rote Zwiebeln, 1 Eßl. Butterschmalz, Salz, frisch gemahlener Pfeffer, Saft von 1 Zitrone, 1 Bund Petersilie, 1 Sahnejoghurt.

1 Das Fleisch in fingerdicke Streifen schneiden. Dabei das Fett sorgfältig entfernen. Die Zwiebeln vierteln und die Schalen abziehen. Die Zwiebelschichten voneinander trennen.
2 Butterschmalz in der großen Pfanne erhitzen. Das Fleisch bei mittlerer Hitze unter gelegentlichem Wenden anbraten. Die Zwiebeln hinzufügen und kurz mitbraten.
3 Salz, Pfeffer und Zitronensaft hinzufügen. Zugedeckt 20 Minuten bei kleiner Hitze schmoren.
4 Die Petersilie grob hacken und über das Fleisch streuen. Joghurt cremig rühren. Zum Servieren das Fleisch auf Teller füllen und den Joghurt darübergeben.

Ca. 40 Minuten, 480 Kalorien

Dazu:
Fladenbrot, Schnittbohnen

Geschnetzeltes Lammfleisch

300 g mageres Lammfleisch aus der Keule (ohne Knochen), 2 Eßl. Sojasoße, 1/2 Teel. Salz, 2 Eßl. trockener Wermut oder Sherry, frisch gemahlener Pfeffer, 4 Eßl. Öl, 1 Bund Lauchzwiebeln, 2 Knoblauchzehen, 2 Eßl. geschälter Sesam.

1 Das Fleisch quer zur Faser in feine Streifen schneiden.
2 Sojasoße, Salz, Wermut, Pfeffer und einen Eßlöffel Öl verrühren. Das Fleisch 15 Minuten darin marinieren lassen.
3 Die Lauchzwiebeln in feine Scheiben schneiden. Knoblauch fein hacken.
4 Das restliche Öl in der großen Pfanne erhitzen. Das abgetropfte Fleisch und den Knoblauch bei starker Hitze unter ständigem Wenden so lange schmoren, bis fast die ganze Flüssigkeit verdampft ist.
5 Die Lauchzwiebeln hinzufügen und eine Minute mitschmoren.
6 In einer kleinen Pfanne den Sesam ohne Fett anrösten. Über das geschnetzelte Fleisch streuen.

Ca. 30 Minuten, 580 Kalorien

Beilage: **Glasnudeln**

50 g Glasnudeln mit kaltem Wasser abbrausen, in kochendes Salzwasser geben und etwa 4 Minuten ziehen lassen. Abgetropft mit 1 Eßl. Sojasoße und 1 Eßl. Schnittlauchröllchen mischen.

Geschnetzeltes Lammfleisch

Lamm mit Spinat

500 g grober Spinat, 1 Knoblauchzehe, 1 Schalotte, 250 g Lammfilet, 1 Teel. Butterschmalz, Saft und abgeriebene Schale von 1/2 Zitrone, 4 Eßl. Schlagsahne, Salz, frisch gemahlener Pfeffer, 1 Eigelb.

1 Den Spinat gründlich waschen. Tropfnaß in einem Kochtopf bei großer Hitze zusammenfallen lassen. Zum Abtropfen auf ein Sieb geben.
2 Knoblauch und Schalotte abziehen. Das Fleisch in feine Streifen schneiden (schnetzeln).
3 Butterschmalz in einer Pfanne erhitzen und das Fleisch unter Wenden kurz anbraten. Die zerdrückte Knoblauchzehe und die Schalotte dazugeben. Zitronenschale darüberreiben. Die Sahne zugießen und den Spinat unterheben.
4 Mit Salz und Pfeffer würzen. Eigelb und Zitronensaft verquirlen und unter den Spinat mischen. Ganz kurz anziehen lassen und vom Herd nehmen.

Ca. 20 Minuten, 410 Kalorien

Beilage: **Sesam-Nudeln**

2 Eßl. geschälten Sesam in der Pfanne ohne Fett bei mittlerer Hitze rösten. 200 g Bandnudeln in reichlich Salzwasser bißfest kochen. Abgießen und gut abtropfen lassen. Etwas Butter unter die heißen Nudeln rühren. Den Sesam über die Nudeln streuen.

Kalbsleber Orange

2 rote Zwiebeln, 2 Orangen (unbehandelt), 1 Eßl. Butter, 1 Zweig Thymian, 1 Teel. eingelegte grüne Pfefferkörner, 2 dünne Scheiben Kalbsleber (à 150 g), 1 Eßl. Crème double, Kräutersalz.

1 Die Zwiebeln abziehen und in Würfel schneiden. Von den Orangen zwei Scheiben abschneiden, dann den Saft auspressen.
2 Butter in der großen Pfanne erhitzen und die Zwiebeln darin glasig dünsten. Thymianblättchen und Orangensaft hinzufügen.
3 Abgetropfte Pfefferkörner und die Leberscheiben in den Sud geben. Etwa drei Minuten gar ziehen lassen, dabei einmal wenden.
4 Die Leber auf vorgewärmte Teller geben. Crème double in den Orangensud rühren. Mit Kräutersalz abschmecken und über die Leber verteilen. Mit den Orangenscheiben garnieren.

Ca. 15 Minuten, 340 Kalorien

Beilage:
Rosenkohl mit Mandelbutter

500 g Rosenkohl in wenig Salzwasser in etwa 20 Minuten gar kochen. 1 Eßl. Butter in der Pfanne erhitzen. 2 Eßl. gehackte Mandeln darin goldbraun rösten. Über den gut abgetropften Rosenkohl geben.

Kalbsleber Orange

Lorbeer-Leber

2 Zwiebeln, 300 g Kalbsleber, 3 Lorbeerblätter, 1 Eßl. Butterschmalz, Salz, frisch gemahlener Pfeffer, 2 Eßl. Balsamessig, 1 Eßl. Crème double.

1 Die Zwiebeln vierteln und abziehen. Die Zwiebelschichten voneinander trennen.

2 Die Leber in fingerbreite Stücke schneiden. Lorbeerblätter mit der Schere in Streifen schneiden.

3 Butterschmalz in der kleinen Pfanne erhitzen. Die Zwiebeln und Lorbeerblätter kurz im Fett wenden. Die Leber dazugeben und bei größter Hitze schnell von allen Seiten anbraten. Die Herdplatte ausschalten. Die Leber in der geschlossenen Pfanne etwa drei Minuten nachziehen lassen.

4 Mit Salz und Pfeffer würzen. Mit Balsamessig beträufeln.

5 Leber und Zwiebeln auf vorgewärmte Teller füllen. Crème double in den Sud rühren, aufkochen und darüber verteilen.

Ca. 20 Minuten, 330 Kalorien

Beilage: **Curry-Kartoffeln**

4 Pellkartoffeln, kalt und abgepellt, in Würfel schneiden. In heißem Butterschmalz langsam goldbraun braten. Kurz vor Bratzeitende salzen, pfeffern und 1/2 Teel. Curry darüberstäuben. Bei sanfter Hitze eine Minute dünsten.

Leber mit roten Zwiebeln

300 g Kalbsleber in dünnen Scheiben, 200 g rote Zwiebeln, 1 Bund glatte Petersilie, 1 Eßl. Butter, 1 Glas Weißwein, frisch gemahlener Pfeffer, 4 Eßl. Schlagsahne, Salz.

1 Die Leber in breite Streifen schneiden.

2 Die Zwiebeln vierteln und abziehen. Die Petersilie hacken.

3 Butter in der großen Pfanne erhitzen und die Zwiebeln etwa drei Minuten unter Wenden darin glasig dünsten. Den Wein angießen und offen etwas einkochen.

4 Die Leber zu den Zwiebeln in die Pfanne geben. Pfeffer darübermahlen. Offen etwa drei Minuten schmoren.

5 Sahne und Petersilie hinzufügen und eine Minute weiterschmoren. Mit Salz abschmecken.

Ca. 20 Minuten, 450 Kalorien

Beilage:

Zwiebel-Salbei-Reis

2 Zwiebeln abziehen und würfeln, in 1 Eßl. Butter andünsten. 5 Salbeiblätter in Streifen schneiden und kurz mitdünsten. 1 Tasse Reis (100 g) dazugeben und glasig dünsten. Je 1 Tasse Wasser und Wein (200 ml) dazugießen, leicht salzen. Alles zugedeckt bei kleinster Hitze 15 Minuten gar dünsten.

Kräuter-Leber

400 g Putenleber, 1/2 Bund glatte Petersilie, 1 gehäufter Teel. Mehl, frisch gemahlener Pfeffer, 1 Teel. Butterschmalz, 1/2 Glas Weißwein, 4 Eßl. Schlagsahne, Salz.

1 Die Leber sorgfältig putzen, Sehnen abtrennen und jeweils quer in zwei Hälften schneiden, so daß dünne Scheiben entstehen. Die Petersilie waschen und fein hacken.
2 Die Leber leicht pfeffern und mit Mehl bestäuben. Butterschmalz in der großen Pfanne erhitzen und die Leber darin von jeder Seite etwa eine Minute braten. Aus der Pfanne nehmen.
3 Den Bratensatz mit Wein ablöschen und etwa eine Minute offen einkochen. Die Sahne einrühren, salzen und pfeffern.
4 Die Soße durch ein feines Sieb passieren und über die Leber verteilen. Mit Petersilie bestreuen.

Ca. 15 Minuten, 450 Kalorien

Dazu: **Reis**

Paprika-Hähnchen

1 kleines Hähnchen (etwa 1,2 kg), 50 g Bacon, 1 Zwiebel, 1 Knoblauchzehe, 1 1/2 Teel. Butterschmalz, 1 1/2 Eßl. Edelsüßpaprika, 1 große Fleischtomate, Salz, frisch gemahlener Pfeffer, 150 g saure Sahne, Petersilie.

1 Hähnchen in acht Stücke zerlegen. Haut entfernen. Die Teile waschen und gut mit Küchenkrepp trockentupfen.
2 Bacon in feine Streifen schneiden. Zwiebel und Knoblauch abziehen und hacken.
3 Bacon mit Butterschmalz in der großen Pfanne langsam auslassen. Zwiebelwürfel und Knoblauch hinzufügen und weich dünsten.
4 Paprikapulver dazugeben und kurz anschwitzen. Die Geflügelstücke nebeneinander hineinlegen. Bei kleiner Hitze zugedeckt schmoren. Zwischendurch einmal wenden.
5 Nach 30 Minuten die Tomate mit der groben Reibe* darüberraffeln, salzen und Pfeffer darübermahlen. 30 Minuten weiterschmoren.
6 Das Paprika-Hähnchen auf zwei Teller füllen, die Sahne darüber verteilen. Mit Petersilienblättchen bestreuen.

Ca. 70 Minuten, 530 Kalorien

Dazu: **Baguette**

* Wenn die Tomate auf der Reibe gerieben wird, bleibt die Schale zurück – man spart die Zeit des Überbrühens und Schälens.

Koriander-Hähnchenkeulen

3 Hähnchenkeulen (etwa 650 g), 1 Teel. Mehl, 3 Zwiebeln, 1 Knoblauchzehe, 1 1/2 Teel. Koriander, 1 Eßl. Butterschmalz, 1 kleine Dose geschälte Tomaten (280 g), Zucker, Salz, Pfeffer, 3 Eßl. Schmand.

1 Die Haut der Hähnchenkeulen abtrennen und entfernen. Jede Keule in zwei Stücke zerlegen. Waschen, trockentupfen und mit Mehl bestäuben.

2 Zwiebeln und Knoblauch abziehen. Die Zwiebeln vierteln und die Schichten voneinander trennen, die Knoblauchzehe in Scheiben schneiden. Den Koriander mit dem Messerrücken zerquetschen.

3 Butterschmalz in der großen Pfanne erhitzen. Koriander und Hähnchenkeulen hineingeben und bei mittlerer Hitze in etwa acht Minuten goldgelb braten.

4 Zwiebeln und Knoblauch dazugeben und kurz mitbraten. Die Tomaten mit der Hälfte der Flüssigkeit dazugeben. Mit Zucker, Salz und Pfeffer würzen. Zugedeckt etwa 30 Minuten schmoren.

5 Den Deckel abnehmen und offen zehn Minuten weiterschmoren.

6 Zum Servieren Schmand über das Gericht verteilen.

Ca. 1 Stunde, 580 Kalorien

Dazu: **helles Vollkornbrot**

Hähnchengeschnetzeltes mit Möhren

2 Zwiebeln, 2 Möhren, Saft von 2 kleinen Orangen, 1 1/2 Teel. Butterschmalz, 400 g Hähnchenbrustfilet (ohne Haut und Knochen), 2 Eßl. Crème fraîche, 1 Eßl. Senf, Salz, frisch gemahlener Pfeffer, 1 Tablett Kresse.

1 Die Zwiebeln vierteln und abziehen. Möhren schälen und würfeln. Orangen auspressen.

2 Butterschmalz in der großen Pfanne erhitzen. Zwiebeln und Möhren etwa drei Minuten darin andünsten.

3 Orangensaft hinzufügen und aufkochen lassen. Zugedeckt etwa drei Minuten dünsten.

4 Inzwischen das Hähnchenbrustfilet in feine Streifen schneiden. Zum Gemüse geben und zugedeckt fünf Minuten darin gar ziehen lassen.

5 Crème fraîche und Senf verrühren und in die Pfanne geben. Eine Minute offen schmoren lassen.

6 Das Geschnetzelte mit Salz und Pfeffer abschmecken. Kresse mit einer Schere darüberschneiden.

Ca. 20 Minuten, 280 Kalorien

Dazu: **Reis**

Hähnchengeschnetzeltes mit Möhren

Hähnchenbrust in Pfeffersahne

400 g Hähnchenbrustfilet (ohne Haut und Knochen), Salz, frisch gemahlener Pfeffer, 100 g braune Champignons, 1 Schalotte, 1 Eßl. Butterschmalz, 1 Teel. Butter, 1/2 Glas trockener Wermut, 1 Eßl. Crème double, 1 Teel. eingelegte Pfefferkörner.

1 Die Hähnchenbrust in große Würfel schneiden und mit Salz und Pfeffer würzen.
2 Die Champignons mit dem Pinsel putzen und blättrig schneiden. Die Schalotte abziehen und hacken.
3 Butterschmalz in der großen Pfanne erhitzen und das Fleisch hineingeben. Rundherum braun anbraten. Herausnehmen und zugedeckt warm halten.
4 Das Fett abgießen, die Butter in die Pfanne geben und erhitzen. Die Schalotten und Champignons hinzugeben und unter Wenden zwei Minuten braten.
5 Mit dem Wermut ablöschen und schnell offen einkochen. Crème double und die abgetropften Pfefferkörner darunterrühren. Mit Salz abschmecken. Das Fleisch in die Soße geben und etwa zwei Minuten darin ziehen lassen.

Ca. 20 Minuten, 350 Kalorien

Dazu: **Spätzle**

Hähnchen japanisch

400 g Hähnchenbrustfilet (ohne Knochen), 4 Eßl. Sojasoße, 1 Teel. Zucker, 4 Eßl. trockener Sherry oder Wermut, 3 Eßl. Öl, 50 g Cashewnüsse, etwas Schnittlauch.

1 Die Hähnchenhaut mehrmals mit einer Gabel einstechen.
2 Sojasoße, Zucker und Sherry verrühren.
3 Das Öl in der großen Pfanne erhitzen. Die Hähnchenbrust auf jeder Seite drei Minuten anbraten. Das Öl abgießen. Die Sojamischung dazugeben. Die Pfanne gut schließen. Bei kleinster Hitze etwa zehn Minuten schmoren. Die Soße wird dabei fast vollkommen vom Fleisch aufgesogen.
4 Das Fleisch aus der Pfanne nehmen und schräg in etwa einen Zentimeter dicke Scheiben schneiden. Mit der restlichen Soße übergießen. Mit Nüssen und Schnittlauch bestreuen.

Ca. 25 Minuten, 490 Kalorien

Beilage: **Sahneporree**

500 g Porree putzen, waschen und in fingerdicke Ringe schneiden. In 1 Eßl. heißer Butter andünsten. 1/2 Tasse Schmand dazugießen, salzen, pfeffern und zugedeckt etwa 8 Minuten schmoren.

Hähnchenkeulen mit Aprikosen

4 Zwiebeln, 3 Hähnchenkeulen (à 200 g), Cayennepfeffer, Salz, 1 Eßl. Butterschmalz, 1/2 Teel. Curry, 5 getrocknete Aprikosen, 1/2 Glas trockener Wermut, 1 Teel. Senf, 4 Eßl. Schlagsahne, etwas Zitronensaft.

1 Die Zwiebeln vierteln und abziehen. Die Hähnchenkeulen in Unter- und Oberkeule zerteilen, die Haut entfernen. Mit Cayennepfeffer und Salz einreiben.
2 Butterschmalz in der großen Pfanne erhitzen und die Keulen kurz und kräftig darin anbraten. Curry, Zwiebeln, halbierte Aprikosen und den Wermut hinzufügen. Alles zugedeckt etwa 40 Minuten schmoren.
3 Senf und Sahne verrühren und in den Schmorsud rühren. Offen etwas einkochen lassen. Mit Zitronensaft und Salz abschmecken.

Ca. 50 Minuten, 650 Kalorien

Dazu: **Reis**

Sahne-Senf-Hähnchen

4 kleine Hähnchenkeulen (à 200 g), 150 g Schalotten, 1 Eßl. Dijon-Senf, frisch gemahlener Pfeffer, 1 Becher Crème fraîche (150 g), 1 Glas Weißwein, 1 Eßl. Senfkörner.

1 Die Hähnchenkeulen von der Haut befreien, waschen und mit Küchenkrepp trockentupfen. Die Schalotten vierteln und abziehen. Den Backofen auf 225 Grad vorheizen.
2 Senf, Pfeffer und Crème fraîche verrühren.
3 Eine große oder zwei kleine Gratinformen fetten. Die Hähnchenkeulen mit der Senfpaste einpinseln und in die Form legen. Die Schalotten drum herum verteilen.
4 Die Form auf dem Rost in den Ofen schieben – mittlere Schiene. Den Wein zugießen. Die Hähnchenkeulen 45 Minuten backen. Zehn Minuten vor Garzeitende die Senfkörner darüberstreuen.

Ca. 50 Minuten, 520 Kalorien

Beilage: **Gedünsteter Kohl**

1 Zwiebel würfeln und in 1 Eßl. Butterschmalz weich dünsten. 1 kleinen Spitzkohl in feine Streifen schneiden, hinzufügen, salzen, pfeffern und unter gelegentlichem Wenden etwa 10 Minuten zugedeckt dünsten. Danach 2 Eßl. Crème fraîche mit Meerrettich unter den Kohl heben. Kresse darüberschneiden.

Geschnetzeltes mit Avocado

400 g Hähnchenbrustfilet (ohne Haut und Knochen), Salz, frisch gemahlener Pfeffer, 2 Stauden Chicorée, 1 1/2 Teel. Butterschmalz, 1/8 l trockener Wermut, 1 weiche Avocado, 2-3 Eßl. Schmand, etwas Zitronensaft.

1 Das Hähnchenbrustfilet in feine Streifen schneiden, leicht salzen und pfeffern. Chicorée in Ringe schneiden, waschen.
2 Butterschmalz in der großen Pfanne erhitzen. Das Fleisch schnell unter Wenden etwa drei Minuten braten. Wermut zugießen, Chicorée hinzufügen, unterheben. Alles offen zwei Minuten schmoren. Avocado schälen, entkernen und würfeln.
3 Schmand dazugeben und einmal aufkochen lassen. Vom Herd nehmen.
4 Avocado hinzufügen. Mit Salz und Zitronensaft abschmecken.

Ca. 20 Minuten, 520 Kalorien

Dazu: **Reis**

Hähnchenbrust in Orangensoße

3 Schalotten, 1 Orange zum Auspressen, 400 g Hähnchenbrustfilet (ohne Haut und Knochen), 1 Teel. Mehl, 1 Eßl. Butterschmalz, 1 Teel. Curry, 1/2 Tasse Hühnerbrühe (Instant), 1 Eßl. Crème double, Salz, frisch gemahlener Pfeffer, frische Minzeblättchen.

1 Die Schalotten abziehen und hacken. Die Orange auspressen.
2 Das Filet in große Würfel schneiden. Hauchdünn mit Mehl bestäuben.
3 Butterschmalz in der großen Pfanne erhitzen und das Fleisch bei kräftiger Hitze rundherum goldbraun anbraten.
4 Die Hitze auf kleinste Stufe zurückschalten, die Schalotten hinzufügen und weich dünsten.
5 Curry darüberstäuben. Mit dem Orangensaft und der Brühe ablöschen. Zugedeckt fünf Minuten schmoren.
6 Das Fleisch herausnehmen und warm halten. Den Sud offen um die Hälfte einkochen.
7 Crème double in den Sud rühren. Mit Salz und Pfeffer abschmecken.
8 Das Fleisch auf Tellern anrichten und mit der Soße überziehen. Mit Minzeblättern bestreuen.

Ca. 20 Minuten, 280 Kalorien

Dazu: **Baguette**

Curry-Hähnchen

400 g Hähnchenbrustfilet (ohne Haut und Knochen), 2 Zwiebeln, 1 Teel. Butterschmalz, 1 Eßl. Curry, Saft von 1 Orange, 1/2 Tasse Geflügelbrühe (Instant), Salz, frisch gemahlener Pfeffer, 2 Eßl. Crème fraîche, 1 kleiner Apfel.

1 Das Hähnchenbrustfleisch waschen, mit Küchenkrepp trockentupfen und quer zur Faser in fingerdicke Streifen schneiden.
2 Die Zwiebeln abziehen und würfeln.
3 Butterschmalz in der großen Pfanne erhitzen und die Zwiebelwürfel darin glasig dünsten. Curry darüberstäuben und kurz darin verrühren.
4 Das Fleisch unterheben. Orangensaft und Brühe zugießen. Zugedeckt 15 Minuten schmoren.
5 Mit Salz und Pfeffer abschmecken und Crème fraîche darunterheben.
6 Den Apfel schälen und zum Schluß grob darüberreiben.

Ca. 30 Minuten, 370 Kalorien

Dazu: **Reis**

Hähnchenbrust mit Bananenhaube

1 Banane, Salz, 1 Teel. eingelegte grüne Pfefferkörner, 1 Eßl. Zitronensaft, 1 Eßl. Tomatenmark, 1 Eßl. Crème fraîche, 1 Teel. Butterschmalz, 4 Hähnchenbrustfilets (ohne Haut und Knochen), frisch gemahlener Pfeffer, 1 Lauchzwiebel.

1 Die Banane schälen. Bananenstücke, Salz, Pfefferkörner, Zitronensaft, Tomatenmark und Crème fraîche mit einer Gabel zerdrücken und vermischen.
2 Butterschmalz in der kleinen Pfanne erhitzen. Die Hähnchenbrustfilets salzen, pfeffern und in die Pfanne geben. Nach etwa fünf Minuten wenden und die Filets mit der Bananenpaste bestreichen.
3 Die Pfanne zudecken. Das Fleisch bei mittlerer Hitze sechs Minuten weiterbraten. Die geputzte Lauchzwiebel in feine Streifen schneiden und darüberstreuen.

Ca. 30 Minuten, 430 Kalorien

Dazu: **Reis**

Ananas-Hähnchen

4 Hähnchenkeulen (à 180 g), 1/4 Teel. Cayennepfeffer, Mehl, 1 Eßl. Butterschmalz, 2 Zwiebeln, 1 Knoblauchzehe, 1 kleine Dose Ananas (120 g), 1 gestrichener Teel. Curry, 1/8 l Weißwein, Salz.

1 Die Hähnchenkeulen enthäuten, waschen, trockentupfen, mit Cayennepfeffer einreiben und hauchdünn mit Mehl bestäuben.
2 Butterschmalz in der großen Pfanne erhitzen und die Keulen kräftig darin anbraten.
3 Inzwischen die Zwiebeln und die Knoblauchzehe abziehen. Zwiebeln würfeln. Ananas abtropfen lassen.
4 Das Bratfett zum größten Teil weggießen. Zwiebeln und zerdrückte Knoblauchzehe zu den Keulen geben. Etwa eine Minute andünsten, Curry dazugeben. Ananas und Wein zufügen.
5 Alles zugedeckt 40 Minuten schmoren. Mit Salz abschmecken.

Ca. 50 Minuten, 630 Kalorien

Dazu: **Reis**

Pochierte Hähnchenbrust auf Porree

1/4 l Geflügelbrühe (Instant), 2 Hähnchenbrustfilets (500 g; mit Haut und Knochen), 4 dünne Stangen Porree, 1 Eßl. Butter, 1 Teel. Curry, Salz, Cayennepfeffer, 1/8 l Schlagsahne, 2 Eßl. gesalzene Cashewkerne.

1 Die Brühe zum Kochen bringen. Die Filets abspülen und in die kochende Brühe geben. Zugedeckt bei kleinster Hitze 15 Minuten gar ziehen lassen.
2 Inzwischen den Porree in sehr feine Ringe schneiden.
3 Butter in der großen Pfanne erhitzen und den Porree unter Wenden fünf Minuten darin dünsten. Curry darüberstäuben, mit Salz und Cayennepfeffer würzen. Sahne zugießen und alles offen einkochen.
4 Die Hähnchenbrust in Scheiben schneiden und auf dem Porreerahm anrichten. Mit den halbierten Cashewkernen bestreuen.

Ca. 25 Minuten, 490 Kalorien

Beilage:

Petersilienkartoffeln

Etwa 300 g kleine Kartoffeln kochen, pellen und längs vierteln. 2 Zwiebeln vierteln und abziehen. Butter in der Pfanne erhitzen und Kartoffeln und Zwiebeln hineingeben. Unter gelegentlichem Wenden bei kleiner Hitze etwa 12 Minuten braten. Sie sollten kaum Farbe annehmen. Kurz vorm Anrichten 2 Eßl. gehackte Petersilie und 2 Eßl. Zitronensaft unter die Kartoffeln mischen. Leicht salzen und pfeffern.

Pochierte Hähnchenbrust auf Porree

Gespickte Hähnchenbrust

3 Knoblauchzehen, 4 Hähnchenbrustfilets, Salz, frisch gemahlener Pfeffer, 1 Eßl. Rosmarinnadeln, 1 Eßl. Butterschmalz, 2 Eßl. Zitronensaft, 1/2 Glas trockener Wermut, 2 Eßl. Crème fraîche.

1 Knoblauchzehen abziehen und in Stifte schneiden.
2 Die Filets mit Salz und Pfeffer würzen. Mit einem spitzen Messer schräg tiefe Einschnitte machen. Dahinein je ein Stückchen Knoblauch und einige Rosmarinnadeln stecken.
3 Butterschmalz in der kleinen Pfanne erhitzen und die Filets von jeder Seite etwa vier Minuten braten. Aus der Pfanne nehmen und im Ofen bei 100 Grad warm halten.
4 Zitronensaft und Wermut in die Pfanne gießen und bis auf einen kleinen Rest offen einkochen.
5 Crème fraîche in die Pfanne rühren. Die Soße mit Salz und Pfeffer würzen. Mit dem Fleisch anrichten.

Ca. 25 Minuten, 350 Kalorien

Beilage:
Zucchini-Möhren-Gemüse

Je 250 g kleine zarte Möhren und Zucchini in dünne Scheiben schneiden. 1 1/2 Eßl. Butter und 4 Eßl. Wein in einen Topf geben. Das Gemüse daraufgeben, leicht salzen und pfeffern. Zugedeckt bei milder Hitze 15 Minuten dünsten. Minzeblätter und Petersilie hacken und unter das Gemüse heben.

Putensteaks mit Banane

2 Putensteaks (à 200 g), Salz, Pfeffer, etwas Mehl, 1 Eßl. Butterschmalz, 1 Teel. Curry, 1 Glas Wermut (100 ml), 1 Eßl. Rosinen, 2 Eßl. Crème fraîche, Zitronensaft, 1 Banane, 1 Eßl. Pistazien.

1 Die Putensteaks salzen, pfeffern, leicht mit Mehl bestäuben.
2 Butterschmalz in der kleinen Pfanne erhitzen und die Steaks von jeder Seite zwei Minuten braten. Aus der Pfanne nehmen. Das überschüssige Fett weggießen.
3 Curry in die Pfanne stäuben, ganz kurz erhitzen und sofort mit dem Wermut ablöschen. Die Rosinen dazugeben und alles offen um die Hälfte einkochen.
4 Crème fraîche einrühren, mit Salz, Pfeffer und Zitronensaft abschmecken.
5 Die Banane schälen, in Scheiben schneiden und mit den Putensteaks in die Soße geben. Vier Minuten darin schmoren.
6 Mit gehackten Pistazien bestreuen.

Ca. 20 Minuten, 500 Kalorien

Dazu: **Reis**

Hähnchenfilet im Salat

1 kleiner fester Kopfsalat, 2 Stangen vom Staudensellerie, 2 Hähnchenbrustfilets (à 120 g), Cayennepfeffer, Curry, Kräutersalz, Mehl, 1 Teel. Butterschmalz, 50 g Soja- oder Mungosprossen, 250 g Erdbeeren. Vinaigrette: 1 Eßl. Weinessig, 1 Eßl. Balsamessig, Salz, Pfeffer, 1/2 Teel. Senf, 1 Teel. Sesamöl, 3 Eßl. Sonnenblumenöl.

1 Den Salat waschen und trockenschleudern. Die Stangen vom Staudensellerie mit einem Sparschäler dünn abschälen und in Stifte schneiden.

2 Die Hähnchenbrustfilets abspülen und trockentupfen. Leicht mit Cayennepfeffer, Curry, Kräutersalz und Mehl bestäuben. Butterschmalz in der kleinen Pfanne erhitzen und die Filets in etwa drei Minuten goldbraun braten.

3 Die Pfanne vom Herd ziehen, zudecken. Die Filets etwa zehn Minuten in der heißen Pfanne nachgaren lassen.

4 Die Sprossen mit kaltem Wasser abspülen und gut abtropfen lassen. Die Erdbeeren vierteln.

5 Essig, Salz, Pfeffer und Senf verrühren, das Öl und den Bratensud aus der Pfanne darunterschlagen. Die Vinaigrette mit allen Salatzutaten vermischen und auf zwei große Teller verteilen.

6 Die warmen Filets in Scheiben schneiden und obendrauf anrichten.

Titelfoto

Ca. 25 Minuten, 380 Kalorien

Dazu: **Baguette und Butter**

Gefüllte Putenbrust

2 Scheiben Putenbrustfleisch (à 200 g; lassen Sie eine Tasche zum Füllen einschneiden), Salz, frisch gemahlener Pfeffer, 50 g Aprikosen (über Nacht in 1/2 Glas Wermut eingeweicht), Mehl, 1 Eßl. Butterschmalz, je 1/2 Teel. getrockneter Rosmarin und Salbeiblätter, 11/2 Teel. Senf, 1/2 Tasse Schlagsahne.

1 Die Fleischtaschen mit Salz und Pfeffer würzen. Die Aprikosen in die Taschen stecken. Mit Holzspießchen verschließen.

2 Das Fleisch mit Mehl bestäuben.

3 In der kleinen Pfanne in heißem Butterschmalz von jeder Seite etwa drei Minuten anbraten.

4 Kräuter im Mörser zerstoßen.

5 Das Fleisch aus der Pfanne nehmen, das Fett bis auf einen kleinen Rest weggießen.

6 Die Kräuter und den Senf in die Pfanne geben. Mit dem Wermut der eingeweichten Aprikosen ablöschen.

7 Fleisch zurück in die Pfanne geben. Zugedeckt zwölf Minuten schmoren.

8 Das Fleisch aus der Pfanne nehmen. Die Soße bis auf einen kleinen Rest einkochen. Sahne einrühren. Das Fleisch anrichten, die Soße dazugeben.

Ca. 30 Minuten, 640 Kalorien

Dazu: **Vollkornreis**

Geschmorte Putenkeule

15 g getrocknete Pilze (z. B. Steinpilze), 600 g Putenoberkeule, Cayennepfeffer, Salz, 200 g rote Zwiebeln, 2 Knoblauchzehen, 1 Teel. Butterschmalz, 1 Eßl. Crème double.

1 Die Pilze in einem Achtelliter heißem Wasser 15 Minuten einweichen.
2 Vom Fleisch Haut und Knochen abtrennen. Das Fleisch waschen, mit Küchenkrepp trockentupfen und in große Würfel schneiden. Mit Cayennepfeffer und Salz würzen.
3 Zwiebeln und Knoblauchzehen abziehen. Die Zwiebeln vierteln.
4 Butterschmalz in der großen Pfanne erhitzen und das Fleisch rundherum darin anbraten.
5 Zwiebeln hinzufügen und unter Wenden kurz mitbraten.
6 Pilze und Einweichwasser hinzufügen. Die Pfanne schließen und alles 45 Minuten schmoren.
7 Nach 15 Minuten den Knoblauch darüberpressen. Nach Ende der Garzeit Crème double darunterrühren, mit Salz abschmecken.

Ca. 1 Stunde, 530 Kalorien

Dazu: **Baguette**

Putenragout mit Petersilie

4 Zwiebeln, 500 g Putenbrustfilet, Salz, frisch gemahlener Pfeffer, etwas Mehl, 1 Eßl. Butterschmalz, 1/2 Glas Weißwein, 1/2 Tasse Hühnerbrühe (Instant), 2 Eßl. Crème double, 1 Bund glatte Petersilie, Zitronensaft.

1 Die Zwiebeln vierteln und abziehen. Das Fleisch in große Würfel schneiden, salzen, pfeffern und mit Mehl bestäuben.
2 Butterschmalz in der großen Pfanne erhitzen und das Fleisch bei guter Hitze etwa drei Minuten rundherum anbraten. Die Zwiebeln hinzufügen und kurz mitbraten, aber nicht braun werden lassen.
3 Wein und Brühe zugießen. Zugedeckt 25 Minuten schmoren.
4 Fleisch und Zwiebeln auf vorgewärmte Teller verteilen.
5 Den Schmorsud schnell bis auf die Hälfte einkochen. Crème double und die gehackte Petersilie unterrühren. Mit Zitronensaft abschmecken. Über das Fleisch geben.

Ca. 45 Minuten, 450 Kalorien

Beilage: **Sesam-Möhren**

1 Bund junge Möhren putzen. 1 Teel. Butter und 4 Eßl. Zitronensaft, etwas Salz und eine Prise Zucker zum Kochen bringen. Die ganzen Möhren hineingeben. Zugedeckt etwa 15 Minuten dünsten. Sesam leicht rösten. Die Möhren mit dem Sud auf Teller füllen, Sesam darüberstreuen.

Putenragout mit Petersilie

Putenschnitzel in Tomatensugo

1 Zwiebel, 2 Knoblauchzehen, 3 Eßl. Öl, 1 kleine Dose geschälte Tomaten, 1 Lorbeerblatt, Salz, frisch gemahlener Pfeffer, 1/2 Teel. Thymian, 2 Putenschnitzel (à 150 g; dünn geschnitten), 1 Teel. Butterschmalz, 150 g Mozzarella, Schnittlauch oder Basilikumblätter.

1 Zwiebel und Knoblauchzehen abziehen und hacken.
2 Öl in der großen Pfanne erhitzen und Zwiebel und Knoblauch darin glasig dünsten. Die Tomaten mit der Flüssigkeit dazugeben. Lorbeerblatt, Salz, Pfeffer und Thymian hinzufügen. Alles offen dicklich einkochen.
3 In der kleineren Pfanne daneben die Putenschnitzel im Butterschmalz von jeder Seite zwei Minuten braten. Salzen und pfeffern.
4 Die Putenschnitzel in den Tomatensugo legen. Mozzarella in Scheiben darauf anrichten.
5 Die Pfanne zudecken und den Käse bei kleinster Hitze in etwa fünf Minuten schmelzen lassen.
6 Mit Schnittlauch oder Basilikumblättern bestreut anrichten.

Ca. 40 Minuten, 490 Kalorien

Dazu: **Baguette**

Putenröllchen

4 dünne Scheiben Putenbrustfleisch (à 75 g), Salz, frisch gemahlener Pfeffer, 2 Teel. Tomatenmark, 125 g Mozzarella, etwa 10 Basilikumblätter, 1 Teel. Butterschmalz, 1/8 l Hühnerbrühe (Instant), 2 Eßl. Schmand, 1 Teel. Senf.

1 Die Fleischscheiben auf das Arbeitsbrett legen und flach auseinanderstreichen. Salzen, pfeffern und dünn mit Tomatenmark bestreichen.
2 Mozzarella in Scheiben schneiden und darauflegen. Mit Basilikumblättern belegen. Aufrollen und mit Holzspießchen feststecken.
3 Butterschmalz in der kleinen Pfanne erhitzen und die Röllchen rundherum darin anbraten. Mit Hühnerbrühe ablöschen und zugedeckt etwa 15 Minuten schmoren.
4 Die Röllchen aus der Pfanne nehmen und den Sud kräftig einkochen. Schmand einrühren und mit Senf abschmecken.
5 Die Röllchen mit der Soße auf Tellern anrichten.

Ca. 35 Minuten, 400 Kalorien

Beilage:

Schnittlauch-Spaghetti

150 g Vollkornspaghetti in reichlich Salzwasser kochen. 1 Eßl. Butter in der Pfanne erhitzen, 1 Bund Schnittlauch mit der Schere in Röllchen schneiden. In der Butter schwenken. Die abgetropften Spaghetti darunterheben. Mit frisch geriebenem Parmesankäse bestreuen.

Puten-Curry

400 g Putenbrustfleisch, 2 rote Zwiebeln, 1 Teel. Mehl, 1 Eßl. Curry, 1 Glas (100 ml) weißer Wermut, 1 Apfel, 1 Banane, Salz, frisch gemahlener Pfeffer, 2 Eßl. Mandelblättchen, 1 Prise Zucker.

1 Das Fleisch in nicht zu kleine Würfel schneiden, die Zwiebeln vierteln und abziehen.
2 Das Fleisch mit Mehl bestäuben. In der großen Pfanne in heißer Butter rundherum anbraten. Die Zwiebeln hinzufügen und kurz mitbraten.
3 Curry darüberstäuben und leicht andünsten. Sofort mit Wermut ablöschen.
4 Den Apfel und die Banane schälen und in Stücke schneiden. Zum Curry geben, mit Salz und Pfeffer würzen.
5 Zugedeckt bei kleinster Hitze etwa 20 Minuten schmoren.
6 Mandelblättchen in der kleinen Pfanne ohne Fett anrösten. Das Puten-Curry mit Zucker und Salz abschmecken. Mit Mandeln bestreuen.

Ca. 35 Minuten, 450 Kalorien

Dazu: **Reis**

Geschnetzeltes Putenfleisch

1 Zwiebel, 200 g braune Champignons, 350 g Putenbrustfleisch, 1 1/2 Teel. Butterschmalz, frisch gemahlener Pfeffer, 1/2 Tasse Hühnerbrühe (Instant), 1/2 Tasse Schlagsahne, etwas Salz, 1 Bund glatte Petersilie.

1 Die Zwiebel abziehen und würfeln. Champignons mit einem Pinsel putzen, in Scheiben schneiden. Putenfleisch in Streifen schneiden.
2 Butterschmalz in der großen Pfanne erhitzen. Die Zwiebelwürfel darin glasig braten. Champignons hinzufügen. Pfeffer darübermahlen. Unter gelegentlichem Wenden drei Minuten braten.
3 Brühe und Sahne hinzufügen und aufkochen lassen. Das Fleisch salzen und leicht pfeffern, dann hinzufügen. Alles offen etwa zehn Minuten köcheln lassen.
4 Petersilie waschen, hacken und darunterheben.

Ca. 30 Minuten, 420 Kalorien

Dazu: **Reis oder Baguette**

Zutaten zum Rezept „Forelle mit Kerbelsahne" auf der nächsten Seite.

Fisch

Die Zeiten sind endgültig vorbei, in denen es Fisch nur freitags gab. Fische werden auch nicht mehr gekocht, sondern „auf den Punkt" gegart – schonend gedünstet oder gar gezogen. Fisch kann auf sehr abwechslungsreiche und interessante Art zubereitet werden. Übrigens: Wirklich frischen Fisch brauchen Sie weder zu salzen noch zu säuern.

Forelle mit Kerbelsahne

1 Eßl. Butter, 2 frische Forellen (à 300 g), Salz, frisch gemahlener Pfeffer, 50 g Kerbel, 2 Schalotten, 1/4 Glas Weißwein, 1/2 Becher Schlagsahne (100 ml), 1 Eigelb, 2 Eßl. Zitronensaft.

1 Den Backofen auf 200 Grad vorheizen. Zwei Bogen Alufolie mit etwas Butter bestreichen.

2 Die Forellen waschen, leicht salzen und pfeffern und auf die Folien legen. Die Folien verschließen. Die Forellen in den Backofen schieben und 20 Minuten garen.

3 Inzwischen den Kerbel waschen und hacken. Die Schalotten abziehen und hacken. Die restliche Butter in der großen Pfanne erhitzen und die Schalotten unter Wenden glasig dünsten. Den Kerbel bis auf einen kleinen Rest hinzufügen und zwei Minuten mitdünsten.

4 Den Wein dazugießen, Sahne einrühren und alles offen einmal aufkochen lassen. Eigelb mit Zitronensaft verrühren. Die Pfanne vom Herd nehmen und das Ei einrühren. Mit Salz abschmecken und den restlichen Kerbel unterheben.

5 Die Forellen aus dem Ofen nehmen, auswickeln und auf Teller heben. Den Fischsud, der sich gebildet hat, zur Kerbelsoße geben.

Ca. 30 Minuten, 440 Kalorien

Dazu: **Salzkartoffeln**

Salbeiforelle

2 kleine Forellen, Salz, frisch gemahlener Pfeffer, etwa 1 Teel. Mehl, 1 Eßl. Butterschmalz, etwa 10 frische Salbeiblätter, 1/2 Glas Weißwein, 2 Eßl. Kapern, 1 Eßl. Butter.

1 Die Forellen waschen, trockentupfen und innen und außen mit Salz und Pfeffer würzen. Hauchdünn mit Mehl bestäuben.

2 Butterschmalz in der großen Pfanne erhitzen. Die Forellen von jeder Seite etwa vier Minuten braten.

3 Die Forellen aus der Pfanne nehmen und bei 100 Grad im Backofen warm stellen. Das Fett zum größten Teil aus der Pfanne gießen. Die Salbeiblätter kurz anbraten, sofort den Wein angießen und einmal aufkochen lassen. Die Kapern hacken und einrühren.

4 Die Pfanne von der Herdplatte nehmen und die Butter in kleinen Flöckchen einrühren.

5 Forellen mit der Soße auf vorgewärmten Tellern anrichten.

Ca. 20 Minuten, 350 Kalorien

Dazu: **Pellkartoffeln**

Forelle auf Endiviensahne

1 Endiviensalat, 1 Bund Lauchzwiebeln, 1 Eßl. Butter, 1/2 Becher Schlagsahne (100 ml), Salz, frisch gemahlener Pfeffer, 2 geräucherte Forellenfilets (à 150 g), 1 Eßl. gehackte Petersilie, Zitronensaft.

1 Den Endiviensalat putzen, waschen und in Streifen schneiden. Die Lauchzwiebeln in Ringe schneiden.
2 Die Hälfte der Butter in der großen Pfanne erhitzen. Zwiebeln und Endivie unter Wenden etwa fünf Minuten darin dünsten. Die Sahne angießen, salzen, pfeffern und zugedeckt etwa fünf Minuten bei sanfter Hitze dünsten. Den Backofen auf 50 Grad vorheizen.
3 Inzwischen die Filets auf einen Bogen Alufolie legen. Die gehackte Petersilie mit der restlichen Butter verkneten, mit Zitronensaft würzen und vorsichtig auf die Filets streichen.
4 Die Forellenfilets auf dem Rost in den Backofen schieben und fünf Minuten erwärmen.
5 Das Gemüse auf zwei Teller füllen und die Forellenfilets darauf anrichten.

Ca. 25 Minuten, 370 Kalorien

Dazu: **Pellkartoffeln**

Makrelen in Wein

2 kleine Makrelen (à 250 g), 2 rote Zwiebeln, 2 Möhren, 1 Eßl. Öl, 1/2 Zitrone in Scheiben, Saft von 1/2 Zitrone, 1/4 l Weißwein, 1/8 l Gemüsebrühe (Instant), 5 schwarze Pfefferkörner, 1 Zweig Estragon, 1 Zweig Thymian, 2 Nelkenköpfe, 1 Lorbeerblatt.

1 Die Makrelen gründlich waschen. Die Zwiebeln abziehen und in Scheiben schneiden. Die Möhren schälen und in sehr dünne Scheiben schneiden.
2 Den Backofen auf 180 Grad vorheizen. Den Boden einer feuerfesten Gratinform ölen, die Hälfte der Zwiebeln und Möhren darin verteilen. Die Fische nebeneinander darauflegen. Die restlichen Zwiebelringe und Möhrenscheiben und vier Zitronenscheiben darauflegen.
3 Zitronensaft, Wein und Brühe aufkochen und über die Makrelen gießen. Pfefferkörner, Estragon, Thymian, Nelken und Lorbeerblatt dazugeben.
4 Die Form mit Folie verschließen und auf dem Rost in den Backofen schieben – mittlere Schiene. 30 Minuten gar ziehen lassen. Warm oder kalt servieren.

Ca. 40 Minuten, 640 Kalorien

Dazu: **Bratkartoffeln**

Steinbeißer in Orangensahne

500 g Steinbeißer (in vier Stücke zerteilt), 1 1/2 Eßl. Butter, 2 Eßl. Zitronensaft, 2 Schalotten, Saft von 2 Orangen (vorm Auspressen 2 Scheiben für die Garnitur abschneiden), 1 Eßl. Crème double, Salz, Pfeffer, Basilikum.

1 Den Backofen auf 225 Grad vorheizen.
2 Den Fisch waschen, trockentupfen und in eine mit Butter ausgestrichene Gratinform (24 cm ø) legen. Mit Zitronensaft beträufeln. Einen Bogen Pergamentpapier mit Butter bestreichen und die Form damit abdecken.
3 Die Form auf dem Rost in den Backofen schieben – mittlere Schiene. 15 Minuten backen.
4 Inzwischen die Schalotten abziehen und hacken. Die restliche Butter in der kleinen Pfanne erhitzen und die Schalotten darin weich dünsten. Mit Orangensaft ablöschen und offen bis auf einen kleinen Rest einkochen. Crème double darunterrühren. Vom Herd nehmen und mit Salz und Pfeffer abschmecken.
5 Den Fisch auf Tellern anrichten, die Soße drum herum verteilen. Mit den Orangenscheiben und Basilikumblättern anrichten.

Ca. 30 Minuten, 360 Kalorien

Dazu: **Reis**

Steinbeißer mit Tomaten

2 Fleischtomaten, Salz, frisch gemahlener Pfeffer, 1 Eßl. Balsamessig, 5 Eßl. Olivenöl (kalt gepreßt), 400 g Steinbeißer ohne Gräten, Mehl, 1 Eßl. Butterschmalz, 2 Stengel frisches Basilikum.

1 Die Tomaten mit kochendem Wasser überbrühen und die Haut abziehen. Quer halbieren und die Kerne herausdrücken. Das Tomatenfleisch würfeln oder grob hacken. Mit Salz, Pfeffer, Balsamessig und Olivenöl würzen.
2 Den Fisch in Portionsstücke schneiden, salzen, pfeffern und hauchdünn mit Mehl bestäuben.
3 Butterschmalz in der großen Pfanne erhitzen und den Fisch von jeder Seite etwa zwei Minuten braten. Inzwischen die Basilikumblätter in Streifen schneiden und unter die Tomaten heben.
4 Die Fischstücke aus der Pfanne nehmen und mit den Tomaten auf Tellern anrichten.

Ca. 20 Minuten, 540 Kalorien

Beilage: **Knoblauchbrot**

Weiche Butter mit durchgepreßtem Knoblauch und Salz verkneten. Dicke Weißbrotscheiben damit bestreichen. Bei 200 Grad im Backofen oder kurz unterm Grill goldbraun rösten.

Steinbeißer mit Tomaten

Kabeljau überbacken

2 Stücke Kabeljaufilet (à 200 g), 1 rote Paprikaschote, 1 Bund glatte Petersilie, 1 Messerspitze Cayennepfeffer, Salz, 1 Eßl. weiche Butter, 1 Eßl. Meerrettich-Crème fraîche, 1 Knoblauchzehe, 2 Eßl. frisch geriebener Parmesankäse.

1 Den Fisch kalt abspülen, mit Küchenkrepp trockentupfen.
2 Die Paprikaschote putzen, waschen und im Blitzhacker zerhacken. Petersilie hacken. Beides mit Cayennepfeffer, Salz, weicher Butter, Crème fraîche und der zerdrückten Knoblauchzehe mischen. Den Backofen auf 225 Grad vorheizen.
3 Die Fischstücke nebeneinander in eine gefettete, feuerfeste Form legen und leicht salzen. Die Paprikafarce darauffüllen, Parmesankäse darüberreiben.
4 Die Form auf dem Rost in den Backofen schieben – mittlere Schiene. 20 Minuten backen.

Ca. 30 Minuten, 310 Kalorien

Dazu: **Pellkartoffeln**

Fisch auf Porree

2 Stück Lengfisch (à 200 g), 2 Stangen Porree (etwa 500 g), 1 Eßl. Butterschmalz, Salz, frisch gemahlener Pfeffer, Saft von 1/2 Zitrone, 3 Eßl. Crème fraîche, 1 Teel. Tomatenmark, 2 Eßl. frisch geriebener Parmesankäse.

1 Den Fisch waschen und trockentupfen.
2 Die dunklen Porree-Enden entfernen. Die Stangen längs halbieren und sorgfältig unter fließendem kaltem Wasser waschen; in Stücke schneiden.
3 Butterschmalz in der großen Pfanne erhitzen und den Porree unter gelegentlichem Wenden bei mittlerer Hitze weich dünsten. Mit Salz und Pfeffer würzen. Den Backofen auf 225 Grad vorheizen.
4 Den Porree in zwei flache feuerfeste Formen füllen. Die Fischstücke auf den Porree setzen. Mit Zitronensaft beträufeln.
5 Crème fraîche mit Tomatenmark, Salz und Pfeffer verrühren und auf dem Fisch verteilen. Parmesan darüberstreuen.
6 Die Formen auf dem Rost in den Backofen schieben – mittlere Schiene. 20 Minuten backen.

Ca. 35 Minuten, 420 Kalorien

Dazu: **heiße Pellkartoffeln**

Rotbarschfilet in Tomatensugo

2 Rotbarschfilets (à 200 g), Salz, 1 kleine Gemüsezwiebel (etwa 300 g), 2 Eßl. Öl, 1 Teel. Butter, je 1 Teel. Majoran und Fenchelsamen, 1 kleine Dose geschälte Tomaten, frisch gemahlener Pfeffer, 1 Knoblauchzehe, 4 Teel. Schmand, Basilikumblätter.

1 Den Fisch abspülen und trockentupfen. Leicht salzen.
2 Die Zwiebel abziehen und grob würfeln.
3 Öl und Butter in der großen Pfanne erhitzen und die Zwiebelwürfel etwa sieben Minuten darin weich dünsten.
4 Majoran und Fenchel im Mörser zerstoßen oder fein hacken. Zusammen mit den abgetropften Tomaten, Salz und Pfeffer zu den Zwiebeln geben. Die Knoblauchzehe abziehen und darüberpressen.
5 Offen fünf Minuten einköcheln. Die Fischstücke je einmal teilen und oben auf den Sugo legen. Die Pfanne schließen. Den Fisch zwölf Minuten bei kleiner Hitze gar ziehen lassen.
6 Die Pfanne öffnen und auf die Fischstücke je einen Teelöffel Schmand geben. Mit frischen Basilikumblättern bestreut servieren.

Ca. 35 Minuten, 510 Kalorien

Dazu: **Baguette**

Fischfilet mit Birnensahne

2 Rotbarschfilets (à 200 g), 1 Eßl. Butter, Salz, frisch gemahlener Pfeffer, 2 Teel. Zitronensaft, 1/2 Bund Petersilie, 1/2 Bund Schnittlauch, 1 große weiche Birne, 2 Eßl. Crème fraîche, 1 Eßl. geriebener Meerrettich.

1 Den Backofen auf 225 Grad vorheizen. Die Fischfilets waschen und trockentupfen. Zwei Gratinformen mit etwas Butter einfetten und den Fisch hineinlegen. Leicht salzen, pfeffern und mit Zitronensaft beträufeln. Butter in Flöckchen daraufsetzen.
2 Die Formen nebeneinander auf dem Rost in den Backofen schieben. Acht Minuten backen.
3 Inzwischen die Petersilie hacken und den Schnittlauch in Röllchen schneiden. Die gewaschene Birne grob in eine Schüssel raffeln. Alles mit Crème fraîche, Meerrettich und Pfeffer verrühren.
4 Die Birnensahne auf die Fischstücke füllen. Zehn Minuten weiterbacken.

Ca. 25 Minuten, 350 Kalorien

Dazu: **Pellkartoffeln**

Gefüllte Matjesrollen

6 Matjesfilets, 1 Eßl. Crème fraîche, 1 Eßl. saure Sahne, 1 1/2 Eßl. geriebener Meerrettich, 1 Eßl. Zitronensaft, 1 gestrichener Teel. Zucker, Salz, frisch gemahlener Pfeffer, 2 Äpfel, frische Minzeblätter.

1 Die Matjesfilets unter kaltem Wasser abspülen und trockentupfen.
2 Crème fraîche, saure Sahne, Meerrettich, Zitronensaft, Zucker, Salz und Pfeffer verrühren. Die Äpfel grob raffeln und sofort unter die Sahne geben.
3 Die Matjesfilets aufrollen und mit der Apfelcreme füllen. Mit Minzeblättern garnieren.

Ca. 15 Minuten, 800 Kalorien

Beilage: Salbei-Kartoffeln

300 g Pellkartoffeln längs vierteln. 50 g Bacon in Streifen schneiden und mit etwas Butterschmalz in einer Pfanne auslassen. Mindestens 10 Salbeiblätter und die Kartoffeln hinzufügen. Bei mäßiger Hitze goldbraun braten. Mit etwas Kräutersalz und Pfeffer würzen.

Kartoffelpuffer mit Matjes-Tatar

3 Matjesfilets (à 80 g), 1 großer roter Apfel, 1/2 Bund Schnittlauch, 2 Eßl. Zitronensaft, 4 Kartoffeln, 1 kleines Eigelb, Salz, Pfeffer aus der Mühle, 2 Eßl. Butterschmalz, 2 Teel. Crème fraîche, etwas Schnittlauch als Garnitur.

1 Die Matjesfilets in kleine Würfel schneiden. Den Apfel waschen, entkernen und würfeln. Schnittlauch in Röllchen schneiden. Alles mit Zitronensaft beträufeln und vermengen.
2 Die Kartoffeln schälen und grob raffeln, mit dem Eigelb, Salz und Pfeffer vermischen.
3 1 Eßlöffel Butterschmalz in der großen Pfanne erhitzen. Die Hälfte des Kartoffelbreis in drei Portionen in die Pfanne geben und sofort mit einem Löffelrücken flach formen. Die Kartoffelpuffer auf beiden Seiten braun braten und abtropfen lassen.
4 Mit einem Eßöffel. Butterschmalz aus dem restlichen Kartoffelbrei drei weitere Puffer backen.
5 Jeweils drei Kartoffelpuffer auf einen Teller legen. Matjes-Tatar darauffüllen. Mit je einem Teelöffel Crème fraîche und Schnittlauch garnieren.

Ca. 25 Minuten, 730 Kalorien

Kartoffelpuffer mit Matjes-Tatar

Seeaal gebacken auf Gemüse

1 Bund Lauchzwiebeln, 2 Möhren, 2 Stücke Seeaal (à 200 g), 1 1/2 Eßl. Butter, Saft von 1/2 Zitrone, Kräutersalz, frisch gemahlener Pfeffer, 1 Eßl. gehackte Petersilie.

1 Die Lauchzwiebeln putzen und waschen. Die Möhren schälen, waschen und in feine Streifen schneiden. Die Zwiebeln schräg in Scheiben schneiden. Den Fisch waschen und trockentupfen.
2 Den Backofen auf 225 Grad vorheizen. Möhren und Zwiebeln zwei Minuten in einem Eßlöffel Butter andünsten.
3 Das Gemüse auf zwei Gratinformen verteilen. Den Fisch daraufsetzen. Mit Zitronensaft beträufeln, mit Kräutersalz und Pfeffer würzen. Den Fisch mit gebuttertem Pergamentpapier abdecken. Die Formen auf dem Rost in den Backofen schieben – mittlere Schiene. 20 Minuten backen.
4 Den Fisch mit gehackter Petersilie bestreuen.

Ca. 25 Minuten, 600 Kalorien

Dazu: **Petersilienkartoffeln** (siehe Seite 46)

Fisch auf Wirsing

400 g Steinbeißer oder Lengfisch, 1 kleiner Wirsingkohl (etwa 600 g), Salz, 1 Eßl. Butterschmalz, knapp 1/8 l Gemüsebrühe (Instant), Saft von 1 Zitrone, 2 Eßl. geriebener Meerrettich, 3 Eßl. Schmand, etwas Schnittlauch.

1 Den Fisch waschen und trockentupfen.
2 Die äußeren, dunkelgrünen Blätter vom Kohl entfernen (sie schmecken bitter), den Rest in sehr feine Streifen schneiden. Den Kohl in reichlich kochendem Salzwasser zehn Minuten blanchieren, abgießen und gut abtropfen lassen.
3 Butterschmalz in der großen Pfanne erhitzen und den Kohl unter Wenden darin andünsten. Gemüsebrühe und Zitronensaft hinzufügen. Alles zugedeckt zehn Minuten weiterdünsten.
4 Meerrettich und Schmand verrühren und unter den Wirsing heben. Den Fisch in breite Streifen schneiden und in den Kohl betten.
5 Alles zugedeckt auf kleinster Hitze zehn Minuten weiterdünsten.
6 Wirsing und Fisch auf Tellern anrichten. Mit den Schnittlauchröllchen bestreuen.

Ca. 40 Minuten, 390 Kalorien

Lachs auf Fenchel

2 Lachskoteletts (à 200 g), 1 Lauchzwiebel, 1/2 Fenchelknolle, 1 Eßl. Butter, Salz, Pfeffer aus der Mühle, 1 Eßl. Zitronensaft.

1 Den Fisch waschen und trockentupfen.
2 Die Lauchzwiebel und den Fenchel putzen (Fenchelgrün aufheben), waschen und in feine Streifen schneiden.
3 Butter in der großen Pfanne erhitzen und das Gemüse etwa fünf Minuten andünsten. Den Backofen auf 225 Grad vorheizen.
4 Das Gemüse auf zwei Bogen Alufolie verteilen, leicht salzen. Darauf die Fischstücke legen. Einen Hauch Pfeffer darübermahlen und mit Zitronensaft beträufeln.
5 Die Folie oben und an den Seiten zusammenfalten. Die Päckchen nebeneinander auf dem Rost in den Backofen schieben – mittlere Schiene. 15 Minuten backen. Mit dem zarten Fenchelgrün bestreuen.

Ca. 30 Minuten, 500 Kalorien

▸ Statt Lachs kann auch Steinbutt oder Heilbutt verwendet werden.

Vorweg: **Fenchelsalat**

Die restliche Fenchelhälfte (vom Rezept oben) in feine Streifen schneiden, 1 Birne würfeln und ein paar Walnüsse hacken. Alles mit einer Vinaigrette vermischen.

Rotbarsch mit Senfsahne

1 rote Paprikaschote, 2 Schalotten, 2 Teel. Butter, 2 Rotbarschfilets (à 200 g), Salz, frisch gemahlener Pfeffer, 1 Glas Weißwein, 3 Eßl. Crème fraîche, 1 1/2 Teel. Senf.

1 Den Backofen auf 225 Grad vorheizen.
2 Die Paprikaschote putzen, waschen und in feine Würfel schneiden. Die Schalotten abziehen und hacken.
3 Zwei kleine Gratinformen mit je einem halben Teelöffel Butter ausfetten. Paprikawürfel und Schalotten auf die Formen verteilen.
4 Den Fisch mit kaltem Wasser abspülen und darauflegen. Mit Salz und Pfeffer würzen. Den Wein dazugießen. Zwei Bogen Pergamentpapier mit der restlichen Butter bestreichen und den Fisch damit zudecken. Die Formen auf dem Rost in den Backofen schieben – mittlere Schiene. 15 Minuten backen.
5 Die Flüssigkeit aus den Formen in einen Topf gießen und bei starker Hitze offen einkochen. Crème fraîche und Senf miteinander verrühren und unter den Sud rühren. Nicht mehr kochen lassen!
6 Die Soße mit Salz und Pfeffer abschmecken und über den Fisch in die Form gießen.

Ca. 30 Minuten, 420 Kalorien

Dazu:
gekochte Kartoffeln, in Butter und Petersilie geschwenkt

Steinbeißer mit Pistazienbutter

2 Steinbeißerfilets (à 200 g), 30 Pistazien, 1 Zwiebel, 1 Knoblauchzehe, 1/4 l Gemüsebrühe (Instant), 2 Eßl. Zitronensaft, 1 1/2 Eßl. Butter, Salz, frisch gemahlener Pfeffer, frische Basilikumblätter.

1 Den Fisch waschen und trockentupfen.
2 Die Pistazien im Blitzhacker zerkleinern. Die Zwiebel und die Knoblauchzehe abziehen und ebenfalls kleinhacken.
3 Die Gemüsebrühe und einen Eßlöffel Zitronensaft im Topf aufkochen. Den Fisch hineingeben und neben der Herdplatte etwa sieben Minuten darin ziehen lassen.
4 Inzwischen die Zwiebel mit Knoblauch in der kleinen Pfanne in Butter weich dünsten. Pistazien hinzufügen. Mit Zitrone, Salz und Pfeffer würzen.
5 Den Fisch aus dem Sud heben und abgetropft auf vorgewärmte Teller geben. Die Pistazienbutter darüber verteilen. Mit Basilikumblättern bestreuen.

Ca. 20 Minuten, 350 Kalorien

Vorweg: **Chicoréesalat**

2 Chicoréestauden in Ringe schneiden und 1 Birne oder 1 Apfel würfeln. Mit 3 Eßl. Olivenöl, je 1 Eßl. Zitronensaft und Balsamessig würzen. Pfeffer darübermahlen und Walnüsse grob darüberschneiden.

Seezungenröllchen im Orangensud

2 Seezungenfilets (à 300 g), 1 Eßl. Butter, Salz, 1 Topf Basilikum, Schnittlauch, Saft von 1 Orange und 1/2 Zitrone, 1/2 Teel. eingelegte grüne Pfefferkörner, 2 Eßl. Crème double.

1 Die Seezungenfilets der Länge nach halbieren. Den Backofen auf 225 Grad vorheizen.
2 Zwei Gratinformen mit etwas Butter ausstreichen. Die Filets leicht salzen und mit Basilikumblättern belegen. Aufrollen und mit einem Schnittlauchhalm zusammenbinden. Die Röllchen nebeneinander in die Form setzen.
3 Orangen- und Zitronensaft und zerquetschte Pfefferkörner über die Röllchen gießen. Pergamentpapier mit der restlichen Butter bestreichen und über die Filets decken.
4 Die Formen auf dem Rost in den Backofen schieben – mittlere Schiene. 15 Minuten backen.
5 Mit einer Gabel Crème double in den Sud rühren. Mit Salz abschmecken.

Ca. 25 Minuten, 300 Kalorien

Dazu: **Vollkornreis**

Seezungenröllchen im Orangensud

Graved Lachs mit Bohnen

500 g grüne Bohnen, 4 Kartoffeln, 1 Zwiebel, 1 Eßl. Butter, 2 Eßl. Zitronensaft, 150 g Graved Lachs in dünnen Scheiben, 1 Eigelb, 2 Eßl. Schmand, 1/2 Teel. Senf, Zucker.

1 Die Bohnen putzen und schräg in Stücke schneiden. Kartoffeln schälen und längs vierteln.
2 Die Zwiebel abziehen, würfeln und in Butter andünsten. Knapp eine halbe Tasse Wasser und den Zitronensaft hinzufügen. Kartoffeln und Bohnen dazugeben. Zugedeckt etwa 15 Minuten köcheln lassen.
3 Bohnen und Kartoffeln mit der Schaumkelle aus dem Sud heben und abgetropft mit dem Lachs auf zwei Tellern anrichten.
4 Den Sud schnell bis auf einen kleinen Rest einkochen. Vom Herd nehmen, Eigelb und Schmand darunterrühren und mit Senf und Zucker abschmecken. Über die Kartoffeln und Bohnen geben.

Ca. 30 Minuten, 450 Kalorien

Vorweg:
Melone mit Schafkäse

1 Honig-, Netz- oder Ogenmelone halbieren, die Kerne entfernen. Das Fruchtfleisch mit einem Teelöffel herausschälen und auf zwei Teller verteilen. 50 g Schafkäse darüberraffeln, Minzeblättchen darüberstreuen. Gekühlt servieren.

Gebackener Kabeljau

400 g Kabeljaufilet, 1 Teel. Butter, 1 Knoblauchzehe, 1 Bund glatte Petersilie, 2 Eßl. Kräuter-Crème fraîche, 30 g gehackte Pistazien, Salz, frisch gemahlener Pfeffer, 2 Eßl. Zitronensaft, 1 große Fleischtomate, 1 Eßl. frisch geriebener Parmesankäse.

1 Das Kabeljaufilet waschen, trockentupfen und in eine mit Butter ausgestrichene Gratinform (ø 28 cm) legen. Den Backofen auf 225 Grad vorheizen.
2 Knoblauch abziehen, Petersilie waschen. Beides fein hacken. Mit Crème fraîche und Pistazien verrühren. Mit Salz und Pfeffer würzen.
3 Den Fisch leicht salzen und mit Zitronensaft beträufeln. Die Petersiliencreme darauf verteilen.
4 Die Tomate grob würfeln und um den Fisch legen. Parmesan darüberstreuen.
5 Die Form auf dem Rost in den Backofen schieben – mittlere Schiene. 20 Minuten backen.

Ca. 30 Minuten, 320 Kalorien

Dazu: **Pellkartoffeln**

Fisch mit Apfelcreme

500 g Lengfisch, 1 Apfel, 1 rote Zwiebel, 1 Teel. Butter, 1/8 l Apfelsaft (naturtrüb, ungesüßt), 2 Eßl. Crème double, 1 Eßl. geriebener Meerrettich, Salz, frisch gemahlener Pfeffer, 1 Tablett Kresse.

1 Den Lengfisch waschen und trockentupfen.
2 Den Apfel schälen, entkernen und in schmale Spalten schneiden. Die Zwiebel abziehen und würfeln.
3 Butter in der kleinen Pfanne erhitzen und die Zwiebelwürfel eine Minute darin andünsten. Apfelsaft zugießen. Die Apfelstücke hineingeben und etwa zwei Minuten darin weich dünsten. Mit einer Schaumkelle herausheben und warm stellen.
4 Die Fischstücke im Apfelsud gar ziehen lassen, von jeder Seite etwa drei Minuten. Auf vorgewärmte Teller legen und warm halten.
5 Den Sud offen schnell einkochen, bis auf einen kleinen Rest. Crème double und Meerrettich unterheben. Mit Salz und einer Prise Pfeffer abschmecken.
6 Apfelspalten, Fisch und Soße auf Tellern anrichten. Kresse darüberschneiden.

Ca. 25 Minuten, 360 Kalorien

Dazu: **Pellkartoffeln**

Lengfisch im Kartoffelbett

400 g Lengfisch, 3 Möhren, 4 Kartoffeln, 1 Zwiebel, 1 Eßl. Butterschmalz, frisch gemahlener Pfeffer, Kräutersalz, Saft und abgeriebene Schale von 1 Zitrone, 2 Eßl. gemahlene Mandeln, 2 Eßl. gehackte Petersilie, 2 Eßl. Olivenöl.

1 Den Lengfisch waschen und trockentupfen.
2 Möhren und Kartoffeln schälen, waschen und in dünne Scheiben schneiden. Die Zwiebel würfeln.
3 Den Backofen auf 200 Grad vorheizen. Butterschmalz in der großen Pfanne erhitzen. Zwiebelwürfel, Möhren und Kartoffeln bei mittlerer Hitze zugedeckt zehn Minuten dünsten.
4 Das Gemüse in eine flache feuerfeste Form geben. Den Fisch hineinbetten, pfeffern und salzen.
5 Zitronenschale, Mandeln und gehackte Petersilie vermischen und über den Fisch verteilen.
6 Die Form in den Backofen schieben. 20 Minuten backen.
7 Kurz vorm Servieren Olivenöl und Zitronensaft über den Fisch träufeln.

Ca. 40 Minuten, 610 Kalorien

Vorweg: **Apfel-Lauch-Salat**

Von 1 kleinen Stange Lauch das dunkle Grün entfernen. Lauch in sehr feine Ringe schneiden. 1 ungeschälten Apfel grob raffeln. Etwas Salz, Pfeffer, Zucker, 2 Eßl. Zitronensaft und 4 Eßl. Schmand dazugeben und gut vermischen. Geröstete Sonnenblumenkerne darüberstreuen.

Schollenfilet im Früchtesud

500 g Schollenfilet, 1 Eßl. Butter, Kräutersalz, Saft von 2 kleinen Orangen und 1/2 Zitrone, 1 Teel. eingelegte grüne Pfefferkörner, etwa 2 Eßl. Meerrettich-Crème fraîche, frische Zitronenmelisse.

1 Die Schollenfilets waschen, trockentupfen und der Länge nach halbieren. Den Backofen auf 225 Grad vorheizen.
2 Zwei Gratinformen mit etwas Butter ausstreichen. Die Fischhälften hineinlegen. Leicht salzen.
3 Orangen-, Zitronensaft und zerquetschte Pfefferkörner über die Filets verteilen. Pergamentpapier mit der restlichen Butter bestreichen und über die Filets decken.
4 Die Formen auf dem Rost in den Backofen schieben – mittlere Schiene. 15 Minuten backen.
5 Auf jedes Schollenfilet einige Flöckchen Crème fraîche setzen. Mit Melisseblättchen bestreuen.

Ca. 25 Minuten, 320 Kalorien

Beilage: Erbsen mit Minze

2 Schalotten in feine Streifen schneiden und in 1 Eßl. Butter andünsten. 300 g tiefgekühlte Erbsen dazugeben. Zugedeckt im eigenen Saft etwa fünf Minuten dünsten. Minzeblätter in Streifen schneiden und unter die Erbsen mischen. Leicht salzen und pfeffern.

Gedünsteter Lachs

2 Lachskoteletts (à 200 g), Saft von 1/2 Zitrone, Salz, frisch gemahlener Pfeffer, 1 1/2 Eßl. Butter, 30 g roter Forellenkaviar.

1 Den Backofen auf 250 Grad vorheizen.
2 Die Lachskoteletts waschen, trockentupfen und auf je einen Bogen Alufolie setzen. Mit Zitronensaft beträufeln, salzen und pfeffern und Butterflöckchen daraufsetzen.
3 Die Alufolie hochschlagen und zu Päckchen verschließen. Auf dem Rost in den Backofen schieben – mittlere Schiene. Etwa 15 Minuten backen.
4 Herausnehmen. Den Sud in einen Topf gießen und den Fisch in der Folie heiß halten. Die restliche Butter in den Sud rühren.
5 Die Soße auf vorgewärmte Teller geben und den Fisch daraufsetzen. Mit Kaviar garnieren.

Ca. 25 Minuten, 550 Kalorien

Beilage: Zitronenreis

Von einer Zitrone die Hälfte der Schale dünn abschälen und fein hacken. 1 Schalotte fein hacken. Beides mit 100 g Reis in 1 Teel. Butter glasig dünsten. 1/2 Teel. Salz und 1/8 l Wasser dazugießen. Aufkochen lassen und zugedeckt auf der ausgeschalteten Herdplatte etwa 15 Minuten quellen lassen. Gehackte Petersilie und 1 Teel. Butter unter den Reis mischen.

Gedünsteter Lachs

Hummerkrabben in Currysahne

2 Lauchzwiebeln, 10 Hummerkrabben (roh, in der Schale), 1 Eßl. Butter, 1/2 Teel. Curry, 1 Glas trockener Wermut (50 ml), Salz, Cayennepfeffer, 1/2 Tasse Schlagsahne, 2 Teel. gehackte Pistazien.

1 Die Lauchzwiebeln putzen, waschen und in Ringe schneiden.
2 Die Hummerkrabben aus den Schalen lösen, am Rücken entlang einschneiden. Darm entfernen.
3 Butter in der großen Pfanne erhitzen und die Zwiebeln darin weich dünsten. Die Hummerkrabben hinzufügen und zugedeckt etwa zwei Minuten darin dünsten, bis sie sich rot verfärbt haben. Warm stellen.
4 Curry in die Pfanne geben, ganz kurz andünsten und dann sofort mit Wermut ablöschen.
5 Offen einkochen und mit Salz und Cayennepfeffer abschmecken.
6 Sahne einrühren und einmal aufkochen lassen. Krabben zurück in die Soße geben. Mit den gehackten Pistazien bestreuen.

Ca. 20 Minuten, 430 Kalorien

Vorweg: **Möhren mit Kapern**

500 g Möhren schälen und schräg in dünne Scheiben schneiden. 1 rote Zwiebel würfeln. In einem kleinen Topf Butter erhitzen. Zwiebeln und Möhren, 2 Eßl. Kapern und den Saft von 1 Orange hinzufügen. Zugedeckt bei mittlerer bis kleiner Hitze 12 Minuten dünsten.

Hummerkrabben mit Lauchzwiebeln

10 rohe Hummerkrabben, 1 Bund Lauchzwiebeln, 1 Knoblauchzehe, 1 Eßl. Sojasoße, 1 kleines Gläschen trockener Sherry (oder Wermut), 2 Eßl. geschälter Sesam, 2 Eßl. Öl.

1 Die Krabben schälen, am Rücken entlang einschneiden und den Darm entfernen.
2 Die Zwiebeln putzen, waschen und schräg in Scheiben schneiden. Knoblauchzehe abziehen.
3 Sojasoße, Sherry und zerdrückten Knoblauch verrühren.
4 Sesam in der heißen Pfanne leicht anrösten und herausnehmen.
5 Öl in der Pfanne sehr heiß werden lassen. Zuerst die Krabben unter häufigem Wenden etwa eine halbe Minute braten.
6 Die Lauchzwiebeln hinzugeben und etwa zwei Minuten mitbraten.
7 Sojamischung dazugeben und unter Rühren einmal aufkochen lassen.
8 Sofort mit Sesam bestreut servieren.

Ca. 25 Minuten, 440 Kalorien

Dazu: **Glasnudeln**
(siehe Seite 34)

Shrimps in Sahne

300 g tiefgekühlte, gekochte Shrimps ohne Schale, 1 Teel. Butter, 1 Knoblauchzehe, 3 Eßl. Schmand, 1 Teel. Tomatenmark, 2 Eßl. Brandy, Calvados oder Weinbrand, Salz, frisch gemahlener Pfeffer, Zitronensaft.

1 Die Shrimps in ein Sieb geben und auftauen lassen. (Das dauert etwa zwei Stunden. Oder morgens in den Kühlschrank legen, dann sind sie abends aufgetaut.)
2 Butter in der großen Pfanne erhitzen und die Knoblauchzehe darüberpressen. Schmand, Tomatenmark und Brandy hinzufügen und einmal aufkochen lassen.
3 Die Shrimps etwa eine Minute darin erhitzen. Mit Salz, Pfeffer und Zitronensaft würzen.

Ca. 12 Minuten, 270 Kalorien

Dazu: **Baguette**

Vorweg:
Grüner Salat mit Birne

Nur die zarten Herzblätter von Kopfsalat grob zerschneiden, in eine Schüssel geben. 1 reife, saftige Birne entkernen, würfeln und hinzufügen. 2 Eßl. Zitronensaft und 3 Eßl. Olivenöl daruntermischen. Leicht salzen und pfeffern. 2 Eßl. Kürbiskerne in der kleinsten Pfanne ohne Fett rösten und sofort über den Salat streuen.

Muscheln im Sud

1,5 kg Miesmuscheln, 3 Zwiebeln, 2 Knoblauchzehen, 1 Eßl. Butter, 1 Lorbeerblatt, 1/2 Teel. Rosmarin, 1 Prise Cayennepfeffer, 1 Teel. Paprika, 1/8 l trockener Weißwein, etwas Petersilie.

1 Die Muscheln gründlich waschen.* Zwiebeln und Knoblauchzehen in Scheiben schneiden.
2 In einem großen Topf die Butter erhitzen. Zwiebeln und Knoblauch darin glasig dünsten. Lorbeerblatt und Rosmarin fein zerhacken und mit dem Cayennepfeffer und dem Paprika dazugeben.
3 Den Weißwein angießen, die Muscheln dazugeben, den Topf schließen und alles zum Kochen bringen. Etwa acht Minuten kochen – bis sich alle Muscheln geöffnet haben.
4 Die Muscheln in zwei Schüsseln geben und einen Teil des Suds darübergießen, den Rest in einer Schale extra reichen. Mit gehackter Petersilie bestreuen.

Ca. 25 Minuten, 230 Kalorien

Dazu: **mit Butter bestrichenes Vollkornbrot**

* **Wichtig:** Muscheln sollten immer einzeln gründlich gewaschen werden. Vor dem Waschen offene und nach dem Kochen noch geschlossene Muscheln wegwerfen!

Zutaten zum Rezept „Sellerie-Möhren-Gratin“ auf der nächsten Seite.

Gemüse

Gemüse ist „in“ – nicht nur bei Vegetariern. Schonend zubereitet ist es nämlich eine Delikatesse – und sehr gesund außerdem. In Verbindung mit Käse, Sahne oder Nüssen wird Gemüse auch ohne Fleisch zu einer vollwertigen Mahlzeit. Besonders viele der Rezepte dieses Kapitels sind fleischlos. Sie sind mit Ⓥ (vegetarisch) gekennzeichnet.

Sellerie-Möhren-Gratin

1 Staudensellerie, 400 g Möhren, Salz, 1 Knoblauchzehe, 1 Schalotte, 1 Bund Petersilie, 2 Eßl. Crème fraîche, 100 g Edelpilzkäse, 40 g gehackte Mandeln.

1 Den Staudensellerie putzen, oben und unten etwas abschneiden und von den äußeren Stielen die Fäden abziehen. Die Möhren schälen, die größeren längs halbieren oder vierteln.
2 Sellerie und Möhren in wenig leicht gesalzenem Wasser etwa 15 Minuten kochen. Abtropfen lassen und gemischt auf zwei gefettete Gratinformen verteilen.
3 Den Backofen auf 225 Grad vorheizen. Knoblauch und Schalotte im Blitzhacker fein hacken, anschließend die Petersilie fein hacken. Alles mit Crème fraîche, Käse und gehackten Mandeln vermischen. Über das Gemüse verteilen.
4 Die Formen auf dem Rost in den Ofen schieben – mittlere Schiene – und zwölf Minuten backen.

Ca. 40 Minuten, 490 Kalorien

Dazu: **Baguette**

Fenchelpfanne

700 g Fenchel, 1 Eßl. Butter, Salz, frisch gemahlener Pfeffer, 1/2 Tasse Gemüsebrühe (Instant), 5 Eßl. Weißwein, 2 Fleischtomaten, 150 g Mozzarella, 2 Eßl. frisch geriebener Parmesankäse.

1 Den Fenchel putzen und das frische Fenchelgrün aufheben. Die Knollen waschen und in feine Streifen schneiden.
2 Butter in der großen Pfanne erhitzen. Den Fenchel hineingeben. Leicht salzen, pfeffern und mit Brühe und Wein beträufeln. Die Pfanne schließen und den Fenchel bei kleiner Hitze 15 Minuten dünsten.
3 Inzwischen die Tomaten würfeln, Mozzarella in Streifen schneiden, das Fenchelgrün hacken.
4 Alles über den Fenchel verteilen, mit Parmesankäse bestreuen. Zugedeckt fünf Minuten bei milder Hitze schmelzen lassen.

Ca. 30 Minuten, 525 Kalorien

Dazu: **Baguette**

Wer auf Fleisch nicht verzichten möchte, gibt in den letzten fünf Minuten 150 g gekochten Schinken dazu. Oder: Statt Mozzarella Hackfleischbällchen mitgaren – aus 200 g Rinderhack, 1 Ei, etwas Senf, Salz und Pfeffer einen würzigen Hackteig kneten. Kirschgroße Bällchen formen, die letzten fünf Minuten in der geschlossenen Pfanne auf dem Fenchel mitgaren.

Frühlingsgemüse

6 mittelgroße Kartoffeln, 2 Kohlrabi, 1 Eßl. Butter, 1/8 l Gemüsebrühe (Instant), 150 g geräuchertes Putenbrustfleisch, 1 Bund Schnittlauch, 100 g Kräuter-Frischkäse (60 %), Salz, frisch gemahlener Pfeffer.

1 Die Kartoffeln und den Kohlrabi schälen. Die zarten Kohlrabiblätter aufheben. Kartoffeln und Kohlrabi in nicht zu kleine Würfel schneiden.
2 Butter in der großen Pfanne erhitzen und das Gemüse zwei Minuten darin andünsten. Brühe zugießen und zugedeckt 15 Minuten dünsten.
3 Inzwischen das Putenfleisch würfeln und den Schnittlauch und die Kohlrabiblätter fein schneiden.
4 Nach 15 Minuten Garzeit die Pfanne öffnen und den Frischkäse unter das Gemüse rühren. Mit Salz und Pfeffer abschmecken.
5 Schnittlauch und Fleisch darunterheben.

Ca. 30 Minuten, 515 Kalorien

Dessert: **Apfelsalat**

1 knackigen Apfel schälen, entkernen und in hauchdünne Scheiben schneiden oder hobeln. Mit 2 Eßl. Nußöl und Pfeffer anmachen. Minzeblättchen und grob geschnittene Walnüsse darüberstreuen.

Überbackene Tomaten

3 Fleischtomaten, 2 Knoblauchzehen, 1 Bund glatte Petersilie, 50 g Walnußkerne, 1 Packung Mozzarella (150 g), 2 Eßl. geriebener Parmesankäse, Salz, frisch gemahlener Pfeffer.

1 Die Tomaten waschen und den Stielansatz mit einem spitzen Messer herausstechen. Die Tomaten quer halbieren und die Kerne herausdrücken. Den Backofen auf 225 Grad vorheizen.
2 Die Knoblauchzehen abziehen, Petersilie waschen. Beides zerhacken. Die Walnüsse grob schneiden. Mozzarella würfeln. Alles mit Parmesankäse, Salz und Pfeffer mischen.
3 Die Tomaten nebeneinander in eine gefettete feuerfeste Form setzen, leicht salzen und Pfeffer darübermahlen. Die Farce auf die Schnittflächen häufeln.
4 Die Form auf dem Rost in den Backofen schieben – mittlere Schiene. 15 Minuten backen.

Ca. 25 Minuten, 400 Kalorien

Dazu: **Weizen-Vollkornbrot**

Fenchel überbacken

750 g Fenchel, Salz, 2 Eßl. Zitronensaft, 1 Eßl. Butter, 200 g geräucherte Hähnchenbrust, 2 Eßl. frisch geriebener Parmesankäse, 1 Teel. Fenchelsamen, 2 Eßl. gemahlene Mandeln, 6 Eßl. Schlagsahne.

1 Vom Fenchel die äußeren harten Schalen entfernen. Das zarte Grün aufheben, die Stielansätze abschneiden. Die Fenchelknollen der Länge nach in Scheiben schneiden und waschen.

2 Einen Viertelliter leicht gesalzenes Wasser mit Zitronensaft zum Kochen bringen. Den Fenchel etwa zwölf Minuten darin kochen. Zum Abtropfen auf ein Sieb geben. Den Backofen auf 225 Grad vorheizen.

3 Zwei Gratinformen mit etwas Butter einfetten und den Fenchel hineingeben. Hähnchenfleisch in feine Streifen schneiden und darüber verteilen.

4 Parmesankäse, gehackte Fenchelsamen und gemahlene Mandeln mischen und darüberstreuen. Sahne darüberträufeln. Mit Butterflöckchen besetzen.

5 Die Formen auf dem Rost in den Backofen schieben – mittlere Schiene. 20 Minuten backen. Mit dem Fenchelgrün bestreuen.

Ca. 45 Minuten, 545 Kalorien

Zucchini-Gratin

V

500 g kleine feste Zucchini, 1 Eßl. Butter, 1 Fleischtomate (300 g), 100 g Schafkäse, 1/8 l Milch, 2 Eier, frisch gemahlener Pfeffer, Salz, 1 Knoblauchzehe, 2 Eßl. Pinienkerne.

1 Den Backofen auf 225 Grad vorheizen.

2 Die Zucchini der Länge nach vierteln. Zwei Gratinformen mit Butter ausfetten. Die Zucchini dicht nebeneinander hineinlegen und mit weicher Butter einpinseln. 15 Minuten im Ofen backen.

3 Die Tomate würfeln, den Schafkäse zerbröseln und beides über die Zucchini verteilen.

4 Milch, Eier, Pfeffer, Salz und zerdrückte Knoblauchzehe verquirlen und darübergießen. Mit Pinienkernen bestreuen und 20 Minuten im Ofen weiterbacken.

Ca. 50 Minuten, 490 Kalorien

Achten Sie beim Einkauf immer darauf, daß Sie kleine Zucchini bekommen. Ein Zucchino sollte nicht länger als ca. 15 cm und höchstens daumendick sein.

Zucchini-Gratin

Kartoffel-Mais-Omelett

5 mittelgroße Kartoffeln, 1 Eßl. Butterschmalz, 1 Dose Maiskörner (150 g), Salz, frisch gemahlener Pfeffer, 50 g Salami, 100 g Schafkäse, 2 Eier, 2 Eßl. Milch, 2 Eßl. Schnittlauch.

1 Die Kartoffeln schälen und in dünne Scheiben schneiden.
2 Butterschmalz in der großen Pfanne erhitzen. Die Kartoffeln bei mittlerer Hitze unter gelegentlichem Wenden etwa 15 Minuten goldgelb braten. Die abgetropften Maiskörner hinzufügen, salzen und pfeffern.
3 Salami in Streifen schneiden, Schafkäse zerbröseln. Beides über die Kartoffeln verteilen.
4 Eier, Milch und Salz vermischen und darübergießen. Zugedeckt etwa zehn Minuten bei kleinster Hitze stocken lassen.
5 Das Omelett vierteln und je zwei Hälften auf einen Teller füllen. Mit Schnittlauch bestreuen.

Ca. 35 Minuten, 700 Kalorien

Dazu: **Blattsalat**

Salatsauce auf Vorrat

2 Teel. Senf, 2 zerdrückte Knoblauchzehen, 1/2 Teel. Zucker, Pfeffer, 1/4 Tasse milden Weinessig verrühren, bis der Zucker sich aufgelöst hat. Anschließend etwa 1/8 l Olivenöl in kleinem Strahl unterschlagen. In ein Schraubglas füllen. Nach und nach verwenden. Gekühlt vier Wochen haltbar.

Kräuter-Käse-Kartoffeln

500 g kleine Kartoffeln (am besten neue), je 1 Bund Petersilie, Dill, Schnittlauch, 100 g Gruyère-Käse, Butter für die Formen, Salz, frisch gemahlener Pfeffer, 4 Eßl. Schmand.

1 Die Kartoffeln mit einer harten Bürste gründlich bürsten. In wenig Wasser zugedeckt etwa 15 Minuten gar kochen.
2 Die Kräuter hacken, den Käse reiben. Den Backofen auf 200 Grad vorheizen.
3 Die Kartoffeln abgießen und längs halbieren. Mit der Schnittfläche nach oben in zwei gebutterte Gratinformen setzen.
4 Die Kartoffeln leicht salzen und pfeffern. Abwechselnd gehackte Kräuter, Schmand und den geriebenen Gruyère-Käse darüber verteilen.
5 Die Formen auf dem Rost in den Backofen schieben – mittlere Schiene. Etwa acht Minuten schmelzen lassen.

Ca. 30 Minuten, 520 Kalorien

Dazu:
Römersalat mit Lachsstreifen
(siehe Seite 138)

Kraut mit Hackklößchen

4 Kartoffeln, 2 Möhren, 50 g Bacon, 1 Teel. Butterschmalz, 1 Eßl. Edelsüßpaprika, 400 g mildes Sauerkraut, frisch gemahlener Pfeffer, Zucker, 1/8 l Rindfleischbrühe (Instant), 1 Ei, 1/2 geriebenes Brötchen, 1 Teel. Senf, 1 Teel. Tomatenmark, Salz, 250 g Rinderhack, 4 Eßl. Schmand, 1/2 Bund Dill.

1 Die Kartoffeln und Möhren schälen, waschen und in kleine Stücke schneiden.
2 Bacon in Streifen schneiden und in der großen Pfanne mit dem Butterschmalz langsam auslassen. Kartoffeln und Möhren fünf Minuten darin mitdünsten. Paprika darüberstreuen.
3 Das Sauerkraut etwas kleinschneiden, hinzufügen und unter Wenden etwa eine Minute mitdünsten. Zucker und Pfeffer darüberstreuen. Brühe zugießen. Die Pfanne schließen und alles bei mittlerer Hitze zwölf Minuten schmoren.
4 Ei, geriebenes Brötchen, Senf, Tomatenmark, Salz und Pfeffer vermischen. Hackfleisch hinzufügen und alles zu einem geschmeidigen Teig verkneten.
5 Teelöffelweise kleine ovale Fleischklößchen abstechen und auf das Gemüse setzen. Alles zugedeckt zehn Minuten weitergaren.
6 Zum Servieren Schmand darübergeben und mit Dill bestreuen.

Ca. 40 Minuten, 890 Kalorien

Wirsing-Topf

500 g Lammfleisch aus der Keule, 1 Zwiebel, 1 kleiner Kopf Wirsingkohl, 4 Kartoffeln, 4 Eßl. Öl, 1 Teel. Rosmarinnadeln, Salz, frisch gemahlener Pfeffer, 1/4 l Gemüsebrühe (Instant), 2 Eßl. Zitronensaft, 1 Becher Sahne-Joghurt (150 g).

1 Das Lammfleisch in große Würfel schneiden, dabei das Fett entfernen.
2 Die Zwiebel abziehen und würfeln. Vom Wirsingkohl die äußeren dunkelgrünen Blätter entfernen. Den Kohlkopf vierteln, den Strunk herausschneiden und die Blätter in fingerbreite Streifen schneiden. Die Kartoffeln schälen und vierteln.
3 Öl in einem Topf erhitzen. Lammfleisch, Rosmarinnadeln und Zwiebelwürfel etwa drei Minuten darin anbraten. Salzen, pfeffern und Kartoffeln und Kohl hinzufügen. Brühe und Zitronensaft zugießen und alles gut zugedeckt etwa 40 Minuten schmoren.
4 Das fertige Gericht mit Salz und Pfeffer abschmecken.
5 Joghurt verrühren und über die fertigen Portionen verteilen.

Ca. 50 Minuten, 650 Kalorien

Chicorée gedünstet

4 Chicoréestauden, 1 Eßl. Butter, 1/8 l Gemüsebrühe (Instant), 1 Bund glatte Petersilie, 150 g gekochter Schinken, 2 Eßl. Crème double, 2 Eßl. frisch geriebener Parmesankäse.

1 Die Wurzelenden der Chicoréestauden etwas abschneiden und eventuell die äußeren Blätter entfernen. In kaltem Wasser waschen, längs halbieren.
2 Butter und Brühe in die große Pfanne geben und zum Kochen bringen. Chicoréestauden nebeneinander hineinlegen. In der geschlossenen Pfanne zwölf Minuten dünsten. Inzwischen die Petersilie hacken und den Schinken in Streifen schneiden.
3 Chicorée mit einer Schaumkelle herausheben und warm stellen.
4 Den Garsud offen bis auf einen kleinen Rest einkochen. Crème double, Parmesankäse, Petersilie und Schinken unterrühren. Über den Chicorée geben.

Ca. 20 Minuten, 350 Kalorien

Dazu: **Pellkartoffeln**

Spitzkohl überbacken

1 kleiner Spitzkohl (etwa 1 kg), Salz, 150 g gekochter Schinken, 1/2 Bund Petersilie, 1 Ei, 1/8 l Milch, frisch gemahlener Pfeffer, 1 Teel. Butter für die Form, 50 g geriebener Käse (45 %).

1 Den Kohl halbieren und waschen, den Strunk nicht abschneiden.
2 Die Kohlhälften in kochendes Salzwasser geben und zugedeckt fünf Minuten kochen. Den Backofen auf 225 Grad vorheizen.
3 Inzwischen den Schinken in kleine Würfel schneiden, die Petersilie hacken. Das Ei mit Milch, Salz und Pfeffer verquirlen.
4 Zwei Gratinformen mit Butter ausstreichen. Den Spitzkohl mit einer Schaumkelle herausheben und abgetropft mit der Schnittfläche nach oben in die Formen setzen.
5 Nacheinander Schinken, Eiermilch und den geriebenen Käse über den Wirsing verteilen.
6 Die Formen auf dem Rost in den Backofen schieben – mittlere Schiene. 20 Minuten backen.

Ca. 30 Minuten, 440 Kalorien

Spitzkohl überbacken

Spitzkohl mit Nudeln

1 kleiner Spitzkohl (etwa 500 g), 2 Schalotten, 1 Eßl. Butter, Salz, frisch gemahlener Pfeffer, 100 g Schmetterlingsnudeln (oder breite Bandnudeln in Stücke gebrochen), 150 g gekochter magerer Schinken, 1 Becher Kräuter-Crème fraîche (150 g), Parmesankäse.

1 Vom Spitzkohl die äußeren Blätter und den Strunk entfernen. Den Kohl in feine Streifen schneiden und anschließend waschen. Gut abtropfen lassen. Die Schalotten abziehen und hacken.
2 Butter in der großen Pfanne erhitzen, die Schalotten kurz darin andünsten. Vier Eßlöffel Wasser und den Kohl hinzufügen. Salzen, pfeffern und zugedeckt 15 Minuten dünsten.
3 Inzwischen die Nudeln in Salzwasser kochen und den Schinken würfeln.
4 Crème fraîche und Schinken unter den Kohl rühren, mit den abgetropften Nudeln vermischen und auf Teller füllen. Parmesankäse darüberreiben.

Ca. 30 Minuten, 860 Kalorien

Kohl mit Schafkäse

V

1 Wirsingkohl (etwa 1 kg), Salz, 1 Zwiebel, 1 Knoblauchzehe, 4 Eßl. Öl, 1/4 l passierte Tomaten (aus der Packung), frisch gemahlener Pfeffer, 1 Bund Dill, 100 g Schafkäse.

1 Die äußeren Blätter vom Wirsing entfernen. Den Kohlkopf vierteln, den Strunk herausschneiden, dann den Kohl in große Stücke schneiden.
2 Wirsing in kochendem Salzwasser 20 Minuten blanchieren. Abgießen und abtropfen lassen.
3 Inzwischen die Zwiebel und die Knoblauchzehe abziehen. Die Zwiebel würfeln.
4 Öl in der Pfanne erhitzen und die Zwiebel darin glasig dünsten. Die Knoblauchzehe darüberpressen, passierte Tomaten hinzufügen, salzen und pfeffern. Offen um die Hälfte einkochen.
5 Den Wirsing hinzufügen und fünf Minuten weiterschmoren. Dill fein schneiden und den Schafkäse reiben.
6 Den Kohl auf Teller füllen, Schafkäse und Dill darüber verteilen.

Ca. 45 Minuten, 520 Kalorien

Dazu: **Brot**

Porree überbacken

3 Stangen Porree (etwa 750 g), 1 Eßl. Butterschmalz, 300 g Rinderhack, Salz, frisch gemahlener Pfeffer, 2 Eier, 50 g Schafkäse, 3 Eßl. Schmand, 2 Eßl. Mandelblättchen oder Pinienkerne.

1 Den Porree putzen, das dunkle Grün abschneiden und waschen. In feine Ringe schneiden.
2 Butterschmalz in der kleinen Pfanne erhitzen und das Hackfleisch darin anbraten.
3 Den Porree hinzufügen und etwa vier Minuten mitdünsten. Mit Salz und Pfeffer würzen. Den Backofen auf 225 Grad vorheizen.
4 Die Hackmasse auf zwei Gratinförmchen verteilen.
5 Die Eier mit dem zerbröselten Schafkäse und dem Schmand verrühren. Über die Hackfarce gießen. Mit Mandelblättchen bestreuen.
6 Die Formen in den vorgeheizten Backofen schieben – mittlere Schiene. 20 Minuten backen.

Ca. 45 Minuten, 760 Kalorien

Dessert:

Stippmilch mit Beeren

125 g Quark mit 2 Eßl. Milch und 2 Eßl. Ahornsirup zu einer glatten Creme verrühren. Auf 2 Teller verteilen. Frische Früchte wie Erdbeeren, Brombeeren, Himbeeren oder Blaubeeren darüber verteilen.

Gemüse-Gratin

V

2 Stangen Porree (etwa 300 g), 4 Möhren, 4 Kartoffeln, 1/8 l Gemüsebrühe (Instant), 1 Teel. Butter, 2 Teel. geriebener Meerrettich, 1 Becher Crème fraîche (150 g), 50 g geriebener Käse (z. B. Emmentaler), 2 Eier, 2 Eßl. Sesam.

1 Den Porree putzen, waschen und in fingerdicke Stücke schneiden. Möhren und Kartoffeln schälen und würfeln.
2 Die Brühe mit der Butter zum Kochen bringen. Das Gemüse hineingeben. Zugedeckt etwa zehn Minuten dünsten. Den Backofen auf 200 Grad vorheizen.
3 Das Gemüse abgießen und die Brühe auffangen. Das Gemüse mit dem Meerrettich vermischen und auf zwei gefettete Gratinförmchen verteilen.
4 Die Brühe mit Crème fraîche, Käse und Eiern verrühren und über das Gemüse gießen. Mit Sesam bestreuen.
5 In den Backofen schieben – mittlere Schiene. Etwa 20 Minuten backen.

Ca. 40 Minuten, 820 Kalorien

Eventuell 150 g geräuchertes Putenbrustfleisch in feine Streifen schneiden und unter das Gemüse mischen.

Zucchini-Möhren-Topf

2 Möhren (etwa 200 g), 4 Kartoffeln, 300 g Zucchini, 1 Eßl. Butterschmalz, Salz, frisch gemahlener Pfeffer, 1 Lorbeerblatt, Saft von 1/2 Zitrone, 100 g Schmand, 2 Eier.

1 Möhren und Kartoffeln schälen und in dünne Scheiben schneiden oder hobeln. Die Zucchini gewaschen, aber ungeschält, in Scheiben schneiden.
2 Butterschmalz in der großen Pfanne erhitzen. Das Gemüse hineingeben und zwei Minuten unter Wenden andünsten. Salz, Pfeffer, Lorbeerblatt und Zitronensaft zugeben. Zugedeckt bei mittlerer Hitze etwa zwölf Minuten dünsten. Den Backofen auf 250 Grad vorheizen.
3 Das Gemüse auf zwei Gratinförmchen verteilen. Schmand, Eier, Salz und Pfeffer verrühren und darübergeben. Zehn Minuten im sehr heißen Backofen überbacken.

Ca. 35 Minuten, 460 Kalorien

Dessert:
Überbackene Bananen

Zwei Gratinformen mit etwas Butter ausfetten. 3 Bananen schräg in lange Scheiben schneiden und in den Formen anrichten. 1 Gläschen Orangenlikör und etwas Zitronensaft darüberträufeln. 2 Eßl. Crème fraîche in kleinen Flöckchen darauf verteilen. Mit Pistazien bestreuen, mit etwas Puderzucker bestäuben. Unterm Grill oder im sehr heißen Backofen 12 Minuten überbacken.

Sahne-Paprika

1 Gemüsezwiebel (etwa 300 g), 1 rote und 1 gelbe Paprikaschote, 1 Fleischtomate, 1 Knoblauchzehe, 1 Eßl. Butterschmalz, Salz, frisch gemahlener Pfeffer, 1/2 Teel. Provence-Kräuter, 1/8 l Schlagsahne, Schnittlauch, 2 Eßl. Sonnenblumenkerne.

1 Die Zwiebel abziehen und in schmale Spalten schneiden. Die Paprikaschoten in Stücke schneiden. Die Tomate würfeln und die Knoblauchzehe abziehen.
2 Butterschmalz in der großen Pfanne erhitzen und die Zwiebeln glasig braten. Die Paprikastücke hinzufügen und zehn Minuten mitbraten. Mit Salz, Pfeffer und den Provence-Kräutern würzen.
3 Die Sahne zugießen, die Tomatenstücke hinzufügen, Knoblauch darüberpressen. Alles offen einige Minuten schmoren. Mit Schnittlauch und Sonnenblumenkernen bestreuen.

Ca. 25 Minuten, 400 Kalorien

Beilage: Hirse-Pilaw

1 Zwiebel würfeln und in 1 Teel. Butter glasig dünsten. 1 Tasse Hirse (150 g) hinzufügen und unter Wenden kurz mitdünsten. 2 Tassen Gemüsebrühe zugießen. Einmal aufkochen lassen und zugedeckt etwa 20 Minuten ausquellen lassen. 2 Eßl. gehackte Petersilie unterheben.

Sahne-Paprika

Gebackene Auberginenscheiben

2 Auberginen (etwa 300 g), Salz, Öl zum Braten, 1 kleine Dose geschälte Tomaten, frisch gemahlener Pfeffer, 1 Teel. Provence-Kräuter, 150 g Mozzarella, 2 Eßl. Parmesankäse, 2 Eßl. Pinienkerne, Basilikum als Garnitur.

1 Die Auberginen waschen und längs in fingerdicke Scheiben schneiden. Mit Salz bestreuen* und 20 Minuten schwitzen lassen. Abspülen und trockentupfen.
2 Die Auberginenscheiben in Öl braten. Nebeneinander in eine flache Gratinform legen.
3 Die Tomaten abtropfen lassen, leicht auspressen und darauflegen. Mit Salz, Pfeffer und Provence-Kräutern bestreuen. Mozzarellascheiben und den geriebenen Parmesankäse darüber verteilen. Mit Pinienkernen bestreuen.
4 Unterm Grill mit genügend Abstand – etwa 20 cm – (oder bei großer Hitze im vorgeheizten Backofen) in ca. zehn Minuten knusprig braun backen. Mit frischen Basilikumblättern anrichten.

Ca. 40 Minuten, 410 Kalorien

Dazu: **Fladenbrot**

*Durch das Salz wird den Auberginen Wasser entzogen. Nur so nehmen sie beim Braten nicht übermäßig viel Öl auf.

Buntes Gurkengemüse

1 Salat- oder Schmorgurke (etwa 750 g), 1 rote Paprikaschote, 1 rote Zwiebel, 1 1/2 Eßl. Butter, Salz, frisch gemahlner Pfeffer, 2 hartgekochte Eier, 1/2 altes Vollkornbrötchen, 2 Eßl. Pinienkerne, Schnittlauch.

1 Die Gurke schälen, längs halbieren und die Kerne auskratzen. Paprika putzen, waschen. Gurke und Paprika in etwa gleich große Würfel schneiden. Die Zwiebel abziehen und ebenfalls würfeln.
2 Etwa einen Eßlöffel Butter in der großen Pfanne erhitzen. Zwiebel, Paprika und Gurke hineingeben. Zugedeckt bei mittlerer Hitze etwa zwölf Minuten dünsten. Mit Salz und Pfeffer würzen.
3 Inzwischen die Eier pellen und grob hacken. Das Vollkornbrötchen im Blitzhacker fein hacken. Restliche Butter in der kleinen Pfanne erhitzen und die Pinienkerne und Brösel darin hellbraun rösten.
4 Das Gemüse auf Teller verteilen. Das gehackte Ei und die Brösel darüberstreuen. Schnittlauch mit einer Schere darüberschneiden.

Ca. 25 Minuten, 300 Kalorien

Dazu: **Baguette**

Überbackene Zucchini

350 g kleine feste Zucchini, 3 Eßl. Öl, 250 g Tomaten, Salz, frisch gemahlener Pfeffer, 1 Teel. getrockneter Majoran, 1 Zwiebel, 1 Dose Thunfisch, 2 Eier, 5 Eßl. Schlagsahne, 4 Eßl. frisch geriebener Parmesankäse, 20 gemahlene Mandeln, 1 Teel. Butter.

1 Die Zucchini waschen und grob raffeln. Öl in der großen Pfanne erhitzen und die Zucchini acht Minuten darin dünsten. Die Tomaten waschen und den Stielansatz herausschneiden. Würfeln. Zucchini und Tomaten mischen und mit Salz, Pfeffer und Majoran würzen. Den Backofen auf 225 Grad vorheizen.
2 Die Zwiebel abziehen und fein hacken. Den abgetropften Thunfisch zerkleinern und mit Zwiebel, Eiern, Sahne, Parmesankäse und Mandeln vermischen.
3 Zwei Gratinformen mit Butter fetten. Zucchini-Tomaten-Farce hineinfüllen. Dann die Thunfischcreme darüber verteilen.
4 Die restliche Butter in Flöckchen daraufsetzen. Die beiden Formen auf dem Rost in den Backofen schieben – mittlere Schiene. 20 Minuten backen.

Ca. 40 Minuten, 750 Kalorien

Kartoffel-Möhren-Topf

5 Kartoffeln (etwa 400 g), 5 Möhren (ca. 400 g), 1 säuerlicher Apfel (Boskop), 1/8 l Gemüsebrühe (Instant), 1 Eßl. Butter, 2 Eßl. Crème fraîche, 1/2 Teel. Senf, 3 Eßl. Kürbiskerne, 1 Tablett Kresse.

1 Kartoffeln und Möhren waschen, schälen und in nicht zu kleine Stücke schneiden. Den Apfel schälen, ebenfalls in Stücke schneiden.
2 Kartoffeln und Möhren in einen Topf geben, die Apfelstücke darauflegen. Brühe und Butter dazugeben. Den Topf schließen und alles etwa 20 Minuten dünsten.
3 Crème fraîche und Senf verrühren und vorsichtig unter das Gemüse heben. Etwa zwei Minuten offen schmoren. Auf Teller füllen.
4 Inzwischen die Kürbiskerne in der kleinen Pfanne ohne Fett leicht anrösten. Sofort über das Gemüse streuen und die Kresse mit einer Schere darüberschneiden.

Ca. 25 Minuten, 560 Kalorien

Sehr gut schmeckt das Gemüse auch mit gemischten, feingehackten Kräutern, z. B. Minze, Liebstöckel, Petersilie, Kresse und Majoran. Wer auf Fleisch nicht verzichten will, ißt dazu eine Scheibe geräucherte Putenbrust oder Schinken.

Petersilienkartoffeln mit Krabben

5 Kartoffeln (etwa 400 g), 1 Stange Porree, 1 Eßl. Butter, 1/8 l Gemüsebrühe (Instant), 4 Eßl. Schmand, Salz, Pfeffer, 1 Bund glatte Petersilie, etwa 3 Eßl. frisch gepreßter Orangensaft, 200 g Nordseekrabbenfleisch.

1 Die Kartoffeln schälen, waschen und in Würfel schneiden. Den Porree in feine Ringe schneiden.
2 Butter in der großen Pfanne erhitzen und den Porree darin weich dünsten. Die Kartoffeln hinzufügen und bei kleiner Hitze etwa zwei Minuten mitdünsten.
3 Die Gemüsebrühe zugießen. Zehn Minuten zugedeckt schmoren.
4 Den Schmand hinzufügen, mit Pfeffer und Salz würzen und offen etwa drei Minuten weiterschmoren.
5 Die Petersilie fein hacken und unter die Kartoffeln rühren. Mit dem Orangensaft würzen.
6 Die Kartoffeln mit den Krabben auf Tellern anrichten.

Ca. 30 Minuten, 500 Kalorien

Vorweg:

Fenchel-Orangen-Salat

1 Fenchelknolle halbieren und in feine Scheiben schneiden. 1 rote Zwiebel abziehen, in Ringe schneiden und 10 Minuten in Salzwasser legen (um die Schärfe wegzunehmen). 1 Orange wie einen Apfel schälen und das Fruchtfleisch zwischen den Trennwänden herausschneiden. Alles durchmischen und auf Tellern anrichten. Mit Olivenöl beträufeln und Pfeffer darübermahlen.

Pfannengerührtes Gemüse

1 Stange Porree, 1 Möhre, 150 g Spinat, 1 Zwiebel, 1 Knoblauchzehe, 5 g getrocknete chinesische Pilze (12 Stunden vorher eingeweicht), 200 g Rinderfilet, 2 Eßl. Sesam, 3 Eßl. Öl, Salz, frisch gemahlener Pfeffer, 2 Prisen Zucker, etwa 4 Eßl. Sojasoße, 100 g Glasnudeln.

1 Porree und Möhre putzen, den Spinat waschen. Die Zwiebel und die Knoblauchzehe abziehen, die Zwiebel in Ringe schneiden und die Knoblauchzehe hacken.
2 Das vorbereitete Gemüse und die Pilze in Streifen schneiden. Das Rinderfilet in feine Streifen schneiden.
3 Sesam ohne Fett in der großen Pfanne anrösten und herausnehmen. Dann einen Eßlöffel Öl in der Pfanne erhitzen. Die Filetstreifen schnell unter Wenden anbraten, so daß sie nicht mehr rot sind. Mit Salz, Pfeffer, einer Prise Zucker und einigen Spritzern Sojasoße würzen, dann aus der Pfanne nehmen.
4 Anschließend das Gemüse im restlichen sehr heißen Öl anbraten und ebenso wie das Fleisch würzen.
5 Die Glasnudeln in kochendes Salzwasser geben und etwa vier Minuten ziehen lassen. Zum Gemüse in die Pfanne geben.
6 Alles durchmischen, mit Sesam bestreut servieren.

Ca. 30 Minuten, 600 Kalorien

Gefüllte Pilze

12 große, braune Champignons, 1 Schalotte, 1 Knoblauchzehe, 1 1/2 Eßl. Butter, 1/2 Bund glatte Petersilie, 1/2 Bund Basilikum, 1 Eßl. gehackte Pistazien, 1 Eßl. Zitronensaft, Salz, frisch gemahlener Pfeffer, 2 Eßl. geriebener Parmesankäse, 4 Eßl. kaltgepreßtes Olivenöl.

1 Die Stiele der Pilze herausdrehen, putzen und fein hacken. Die Schalotte und die Knoblauchzehe ebenfalls fein hacken.
2 Die Hälfte der Butter in der großen Pfanne erhitzen und Knoblauch andünsten. Gehackte Pilzstücke hinzugeben. Bei kräftiger Hitze unter Wenden braten, bis die Flüssigkeit verdampft ist.
3 Den Backofen auf 225 Grad vorheizen. Inzwischen Petersilie, Basilikum (bis auf einige Blätter) und die Pistazien im Blitzhacker fein hacken. In die Pfanne geben und kurz mitdünsten. Alles mit Zitronensaft, Salz und Pfeffer würzen und den Parmesankäse unterheben.
4 Die Champignonköpfe mit der Öffnung nach oben in zwei gefettete Gratinformen setzen. Je ein Butterflöckchen in die Köpfe geben und die Farce hineinfüllen. 15 Minuten backen.
5 Die Pilze mit Olivenöl beträufeln, mit Basilikumblättchen anrichten.

Ca. 35 Minuten, 430 Kalorien

Dazu: **Baguette**

Gefüllte Papayas

300 g Rinderhack, 1/2 Tasse Gemüsebrühe (Instant), 2 Eßl. Parmesankäse, 1/2 Teel. Sambal Oelek, 1 Eßl. Crème fraîche, Salz, 2 Papayas, Saft von 1 Zitrone, frisch gemahlener Pfeffer.

1 Das Rinderhack und die Gemüsebrühe in einen Topf geben und so lange offen kochen, bis die Flüssigkeit verdampft ist, dabei hin und wieder umrühren.
2 Den Backofen auf 225 Grad vorheizen. Die Hälfte des Parmesankäses, Sambal Oelek und Crème fraîche unter das Hack rühren und mit Salz abschmecken.
3 Die Papayas halbieren und die Kerne herauskratzen. Das Fruchtfleisch kreuz und quer etwa einen Zentimeter tief einschneiden und mit Zitronensaft, Salz und Pfeffer würzen.
4 Die Papayahälften in eine Gratinform setzen, mit dem Hack füllen und mit dem restlichen Parmesankäse bestreuen.
5 Die Form auf mittlerer Schiene in den Backofen schieben und 20 Minuten backen.

Ca. 40 Minuten, 470 Kalorien

Wenn Sie keine Papayas bekommen – auch mit Schmorgurken oder kleinen Kürbissen (Pattisons) schmeckt das Gericht sehr gut.

Porree-Gratin

500 g Porree, 4 Kartoffeln (etwa 300 g), 1/2 Tasse Gemüsebrühe (Instant), 1 Eßl. Butter, 2 Fleischtomaten, 2 Eier, 100 g Schafkäse, 2 Eßl. Sonnenblumenkerne.

1 Dunkles Grün vom Porree entfernen, längs halbieren, gründlich waschen und in sehr dünne Ringe schneiden. Kartoffeln schälen, waschen und würfeln.
2 Brühe und Butter in der großen Pfanne erhitzen und Porree und Kartoffeln hinzufügen. Zugedeckt zwölf Minuten dünsten. Den Backofen auf 200 Grad vorheizen.
3 Das Gemüse auf zwei gefettete Gratinformen verteilen. Tomaten in Würfel schneiden und am Rand der Formen verteilen.
4 Die Eier mit dem etwas abgekühlten Gemüsesud und dem zerbröckelten Schafkäse verrühren und über das Gemüse gießen. Mit Sonnenblumenkernen bestreuen.
5 Auf dem Rost des Backofens 20 Minuten backen.

Ca. 40 Minuten, 680 Kalorien

Dessert:

Eis mit Orangenkaramel

1 Teel. Butter in der Pfanne erhitzen, 1 Eßl. Zucker gleichmäßig über den Pfannenboden verteilen. Den Zucker schmelzen und hellbraun werden lassen. Den Saft von 1 Orange zugießen. Unter ständigem Rühren einkochen. Sofort über je 1 Kugel Vanilleeis verteilen.

Gemüsesugo mit Kürbiskernen

1 Gemüsezwiebel (etwa 300 g), 3 Möhren (etwa 250 g), 2 Fleischtomaten, 3 Eßl. Öl, Salz, frisch gemahlener Pfeffer, 1/2 Teel. getrockneter Thymian, 3 Eßl. Zitronensaft, 100 g Schafkäse, 3 Eßl. Kürbiskerne.

1 Die Zwiebel abziehen, längs halbieren und die Hälften in schmale Spalten schneiden. Die Möhren schälen, waschen und in dünne Scheiben schneiden.
2 Die Tomaten einritzen, den Stielansatz herausschneiden. Kurz in kochendes Wasser tauchen, häuten und grob zerkleinern.
3 Das Öl in der großen Pfanne erhitzen und die Zwiebelspalten fünf Minuten darin zugedeckt weich dünsten. Dann die Möhren hinzufügen, mit Salz, Pfeffer und Thymian würzen. Zugedeckt fünf Minuten weiterdünsten.
4 Die Tomaten in die Pfanne geben. Durchrühren und weitere fünf Minuten dünsten. Mit Zitronensaft und Salz abschmecken. Den Schafkäse grob raffeln.
5 Die Kürbiskerne ohne Fett in der kleinen Pfanne leicht rösten. Den Sugo auf Teller füllen, Schafkäse und Kürbiskerne darüber verteilen.

Ca. 25 Minuten, 480 Kalorien

Dazu: **Baguette**

Gemüsesugo mit Kürbiskernen

Schmorgurken mit Hack

2 Schmorgurken (etwa 700 g) oder 1 Salatgurke, 1 Zwiebel, 1 Eßl. Butterschmalz, 300 g Rinderhack, 1/2 Tasse Gemüsebrühe (Instant), Salz, frisch gemahlener Pfeffer, 1 Bund Dill, 1 Fleischtomate, 2 Eßl. Crème fraîche.

1 Die Gurken schälen, längs halbieren und die Kerne herauskratzen. In Stücke schneiden. Die Zwiebel abziehen und würfeln.
2 Butterschmalz in der großen Pfanne erhitzen. Zwiebel und Hackfleisch unter Wenden einige Minuten anbraten.
3 Die Gurken hinzufügen und etwa zwei Minuten mitdünsten. Die Brühe zugießen, salzen und pfeffern.
4 Zugedeckt alles etwa 15 Minuten schmoren.
5 Den Dill waschen und fein schneiden, die Tomate würfeln. Crème fraîche und Dill unterheben und mit Salz abschmecken.
6 Die Tomatenwürfel darüberstreuen.

Ca. 30 Minuten, 480 Kalorien

Dazu: **Baguette**

Tomaten mit Schafkäse

1 Gemüsezwiebel (etwa 350 g), 2 Knoblauchzehen, 4 Eßl. Pflanzenöl, 200 g geräuchertes Putenbrustfleisch, 2 Fleischtomaten, Salz, frisch gemahlener Pfeffer, 1 Teel. Thymian, 100 g Schafkäse.

1 Zwiebel und Knoblauch abziehen. Die Zwiebel würfeln.
2 Öl in der kleinen Pfanne erhitzen und die Zwiebelwürfel in etwa sechs Minuten glasig dünsten. Knoblauch darüberpressen.
3 Inzwischen das Putenfleisch würfeln. Die Tomaten überbrühen und abziehen, grob würfeln.
4 Das Putenfleisch und die Tomaten in die Pfanne geben. Mit Salz, Pfeffer und Thymian würzen. Die Pfanne schließen und alles etwa zehn Minuten schmoren.
5 Den Käse fein raffeln und darüberstreuen. Zugedeckt drei Minuten weiterschmoren.

Ca. 30 Minuten, 640 Kalorien

Dazu: **Fladenbrot**

Gefüllte Tomaten

4 mittelgroße Fleischtomaten, 1 Bund Lauchzwiebeln (etwa 250 g), 1 Knoblauchzehe, 150 g Mozzarella, 1 Eßl. Butter, 2 Eßl. Kapern, 2 Eßl. Sonnenblumenkerne, Salz, frisch gemahlener Pfeffer.

1 Die Tomaten waschen und am Stielansatz einen Deckel abschneiden. Die Kerne und das Fruchtfleisch herauslösen. Deckel und Inneres aufheben.
2 Die Zwiebeln putzen, waschen und in Ringe schneiden. Knoblauchzehe abziehen. Den Mozzarella würfeln. Den Backofen auf 200 Grad vorheizen.
3 Butter in der kleinen Pfanne erhitzen. Die Zwiebeln darin weich dünsten, den Knoblauch darüberpressen. Vom Herd nehmen, die übrigen Zutaten, außer den Tomaten, und das Fruchtfleisch hinzufügen und vermischen. Mit Salz und Pfeffer würzen.
4 Die ausgehöhlten Tomaten damit füllen und nebeneinander in eine gefettete Gratinform setzen. Die Tomatendeckel draufsetzen.
5 Die Form in den Backofen schieben – mittlere Schiene. 25 Minuten backen.

Ca. 45 Minuten, 480 Kalorien

Dazu: **Baguette**

Sahnespinat mit Vollkornnudeln

500 g Spinat, 1 Schalotte, 1 Knoblauchzehe, 2 Eßl. Pinienkerne, 1 Eßl. Butter, 1/2 Teel. Sambal Oelek, 1/8 l Schlagsahne, Salz, frisch gemahlener Pfeffer, 200 g Vollkornnudeln.

1 Den Spinat putzen und gründlich waschen. Tropfnaß in einen Kochtopf geben und bei größter Hitze zusammenfallen lassen. Zum Abtropfen auf ein Sieb geben.
2 Die Schalotte und die Knoblauchzehe abziehen und hacken. Die Pinienkerne ohne Fett in der kleinen Pfanne goldbraun rösten. Herausnehmen.
3 Butter in der großen Pfanne erhitzen. Schalotte und Knoblauch ganz kurz darin andünsten, Sambal Oelek dazugeben.
4 Den Spinat hinzufügen und unter Wenden (mit zwei Gabeln) kurz dünsten. Die Schlagsahne zugießen und alles einmal aufkochen lassen. Mit Salz und Pfeffer abschmecken.
5 Inzwischen die Nudeln bißfest kochen. Abtropfen lassen und mit dem Spinat auf Tellern anrichten. Mit Pinienkernen bestreuen.

Ca. 25 Minuten, 790 Kalorien

Gemüseförmchen

1 kleine Fenchelknolle, 2 kleine feste Zucchini, 1 rote oder gelbe Paprikaschote, 1 Teel. Butter, 1/8 l Gemüsebrühe (Instant), 1/2 Paket TK-Erbsen (150 g), 2 Eier, Salz, Cayennepfeffer, 1/2 Teel. Anissamen, 4 Eßl. Schmand.

1 Das Gemüse putzen und waschen. Den Fenchel in Streifen, die Zucchini in dünne Scheiben, die Paprikaschote in Würfel schneiden.
2 Butter und Brühe in der großen Pfanne zum Kochen bringen und das Gemüse darin acht Minuten zugedeckt dünsten. Erbsen nach etwa vier Minuten dazugeben. Den Backofen auf 200 Grad vorheizen.
3 Das Gemüse in zwei gefettete Gratinförmchen füllen.
4 Den Sud schnell offen einkochen. In eine Rührschüssel geben und durch Schwenken etwas abkühlen. Eigelb, Salz, Cayennepfeffer, Anissamen und Schmand dazugeben und verrühren. Das Eiweiß steif schlagen und darunterziehen. Über das Gemüse geben.
5 Die Formen in den vorgeheizten Backofen schieben – mittlere Schiene. Etwa in 18 Minuten goldbraun überbacken.

Ca. 40 Minuten, 340 Kalorien

Dazu: **Baguette**

Spinat-Omelett

500 g grober Spinat, 1 Bund Lauchzwiebeln, 1 1/2 Eßl. Butter, 1 Knoblauchzehe, Salz, frisch gemahlener Pfeffer, 3 Eier, 4 Eßl. frisch geriebener Parmesankäse, 150 g Grönlandkrabben.

1 Den Spinat verlesen, putzen und gründlich waschen. Tropfnaß in einem geschlossenen Kochtopf bei starker Hitze zusammenfallen lassen. Zum Abtropfen auf ein Sieb geben. Die Lauchzwiebeln putzen, waschen und kleinschneiden.
2 Die Hälfte der Butter in der großen Pfanne erhitzen. Die Knoblauchzehe abziehen und in die Pfanne pressen, Lauchzwiebeln dazugeben. Eine Minute unter Wenden weich dünsten. Den Spinat hinzufügen und offen unter Wenden braten, bis die ganze Flüssigkeit verdampft ist. Mit Salz und Pfeffer würzen. Aus der Pfanne nehmen.
3 Die restliche Butter auf zwei Portionspfannen verteilen. Die Eier mit Salz, Pfeffer und Parmesankäse verquirlen. Den Spinat darunterheben und auf beide Pfannen verteilen. Bei kleinster Hitze zugedeckt sechs Minuten backen.
4 Die Krabben auf die fertigen Omeletts geben.

Ca. 30 Minuten, 490 Kalorien

Dazu: **Vollkornbrot**

Spinat-Omelett

Spargel-Gratin

750 g grüner Spargel, 1 Teel. Butter, 1 Prise Zucker, Salz, 2 Eßl. Crème double, 2 Eigelb, 4 Eßl. frisch geriebener Parmesankäse, 2 Eßl. Mandelblättchen.

1 Den Spargel waschen und nur das untere Drittel der Stangen dünn schälen.
2 Butter, Zucker und eine halbe Tasse leicht gesalzenes Wasser zum Kochen bringen. Den Spargel hineingeben. Zugedeckt etwa zwölf Minuten dünsten. Den Backofen auf 225 Grad vorheizen.
3 Den Spargel mit einer Schaumkelle herausheben und auf zwei gefettete Gratinförmchen verteilen.
4 Den Sud offen bis auf einen kleinen Rest einkochen. Vom Herd nehmen.
5 Crème double und Eigelb unter den Sud heben. Über den Spargel verteilen. Mit Parmesankäse und Mandelblättchen bestreuen.
6 Die Formen in den Backofen schieben – mittlere Schiene. Zwölf Minuten backen.

Ca. 35 Minuten, 340 Kalorien

Dazu: **Petersilienkartoffeln** (siehe Seite 46)

Rosenkohl mit Käsekruste

750 g Rosenkohl, Salz, 1 Teel. Butter für die Formen, 150 g gekochtes Kasseler, 50 g geriebener Schnittkäse (z. B. Appenzeller, Greyerzer, Emmentaler), 3 Eßl. Semmelbrösel, 6 Eßl. Schlagsahne.

1 Den Rosenkohl putzen, waschen und längs halbieren. In wenig Salzwasser etwa 20 Minuten kochen. Abgießen und abtropfen lassen. Den Backofen auf 225 Grad vorheizen.
2 Zwei Gratinformen mit Butter einfetten und den Rosenkohl hineinfüllen.
3 Das Kasseler im Blitzhacker zerhacken oder sehr fein schneiden. Mit Käse und Semmelbrösel vermischen. Über den Rosenkohl verteilen. Mit Sahne beträufeln.
4 Die Formen auf dem Rost in den Backofen schieben – mittlere Schiene. 15 Minuten backen.

Ca. 45 Minuten, 650 Kalorien

Dessert: **Heiße Grapefruit**

1 große Grapefruit halbieren. Mit je einem Teel. Zimt-Zucker bestreuen. Unter dem vorgeheizten Grill so lange backen, bis der Zucker Blasen wirft.

Hirsepfanne

1 große Zwiebel, 1 Salat- oder Schmorgurke (ca. 400 g), 1 Teel. Butter, 100 g Hirse, 1/4 l Gemüsebrühe (Instant), 2 Tomaten, 150 g geräucherte Putenbrust, Kräutersalz, frisch gemahlener Pfeffer, 3 Eßl. Zitronensaft, 2 Eßl. gehackte Petersilie.

1 Die Zwiebel abziehen und würfeln. Die Gurke schälen, längs halbieren und das weiche Innere mit einem Teelöffel herauskratzen. Die Gurke würfeln.
2 Butter in der kleinen Pfanne erhitzen und die Zwiebelwürfel darin weich dünsten. Die Gurkenwürfel hinzufügen und etwa vier Minuten mitdünsten.
3 Inzwischen die Hirse zweimal in kaltem Wasser waschen. Gut abgetropft in die Pfanne geben. Heiße Gemüsebrühe dazugießen.
4 Die Pfanne zudecken und alles zehn Minuten schmoren lassen. Die Tomaten in kleine Würfel und das Putenfleisch in Streifen schneiden. Beides nach zehn Minuten Schmorzeit in die Pfanne geben. Zugedeckt fünf Minuten weitergaren lassen.
5 Das Gericht mit Salz, Pfeffer und Zitronensaft abschmecken, gehackte Petersilie darüberstreuen.

Ca. 30 Minuten, 350 Kalorien

Kartoffeln, Kohl und Käse

1 kleiner Wirsingkohl (etwa 700 g), 3 Möhren (200 g), 4 Kartoffeln (etwa 300 g), 1 Gemüsezwiebel, 1 Eßl. Butterschmalz, knapp 1/8 l Gemüsebrühe (Instant), frisch gemahlener Pfeffer, 20 g frisch geriebener Parmesankäse, 5 Eßl. Schlagsahne, 2 Eier, 2 Eßl. Kürbiskerne.

1 Kohl, Möhren, Kartoffeln und Zwiebel putzen, schälen und kleinschneiden.
2 In einem großen Topf Butterschmalz erhitzen und das Gemüse darin unter Wenden fünf Minuten andünsten. Die Brühe zugießen und Pfeffer darübermahlen. Zugedeckt etwa 20 Minuten schmoren. Vom Herd nehmen.
3 Parmesankäse, Sahne und Eier verquirlen und über das Gemüse geben. Eine Minute ziehen lassen. Die Kürbiskerne in der kleinen Pfanne ohne Fett anrösten.
4 Das Gemüse auf Teller füllen, die Kerne darüberstreuen.

Ca. 35 Minuten, 740 Kalorien

Dessert: Apfelschmaus

1 großen knackigen Apfel schälen, entkernen und grob raffeln. Sofort mit 1 Eßl. Zitronensaft und 2 Eßl. Ahornsirup mischen und auf zwei Teller verteilen. Auf jede Portion 1 Eßl. Schmand und 1/2 Teel. Johannisbeergelee geben.

Zutaten zum Rezept „Grüne Bandnudeln mit Tomaten" auf der nächsten Seite.

Nudeln und Reis

Beide sind unentbehrlich. Nur – allein schmecken sie fad. Das „Drumherum“ erst macht den Genuß aus. Aber dafür gibt es – durch interessante Zutaten – wirklich unbegrenzte Möglichkeiten. Alles in diesem Kapitel ist besonders schnell gar. Die Rezepte eignen sich also speziell für den großen Appetit, der schnell gestillt werden soll.

Grüne Bandnudeln mit Tomaten

500 g Fleischtomaten, 1 Zwiebel, 3 Eßl. Olivenöl, 1 Knoblauchzehe, 1 Bund Basilikum, Salz, frisch gemahlener Pfeffer, 200 g grüne Bandnudeln, 1 Teel. Butter, 2 Eßl. Crème fraîche, Parmesankäse.

1 Die Tomaten waagerecht halbieren und die Kerne herausdrücken. Das Tomatenfleisch fein würfeln. Die Zwiebel abziehen und hacken.
2 Olivenöl in der Pfanne erhitzen. Die Zwiebelwürfel kurz darin andünsten. Das Tomatenfleisch dazugeben. Unter gelegentlichem Umrühren drei Minuten köcheln lassen.
3 Knoblauch darüberpressen, Basilikumblätter dazugeben. Mit Salz und Pfeffer würzen.
4 Inzwischen die Nudeln in reichlich Salzwasser bißfest kochen. Abgießen und abtropfen lassen. Sofort die Butter unter die Nudeln rühren. Die Nudeln auf zwei tiefe Teller füllen und die Tomatensoße darauf verteilen. Auf jede Portion einen Eßlöffel Crème fraîche geben, Parmesan darüberreiben.

Ca. 20 Minuten, 670 Kalorien

Spaghetti mit Thunfischsoße

1 rote Zwiebel, 1 Knoblauchzehe, 1 Eßl. Öl, 1 kleine Dose geschälte Tomaten, 1/2 Teel. Rosmarinnadeln, 1/2 Teel. Thymian, Salz, 1 Dose Thunfisch naturell, 2 Eßl. Kapern, frisch gemahlener Pfeffer, 200 g Spaghetti, Petersilie.

1 Zwiebel und Knoblauchzehe abziehen, Zwiebel würfeln.
2 Öl in der kleinen Pfanne erhitzen und die Zwiebelwürfel darin glasig dünsten. Die Knoblauchzehe darüberpressen.
3 Dosentomaten mit etwa der Hälfte der Flüssigkeit, dann Rosmarin und Thymian hinzufügen. Salzen und offen etwas einkochen.
4 Den Thunfisch abtropfen lassen, zerpflücken und mit den Kapern hinzufügen. Mit Pfeffer würzen.
5 Inzwischen die Spaghetti in reichlich Salzwasser bißfest kochen, abtropfen lassen und mit der Soße anrichten. Petersilienblättchen darübergeben.

Ca. 20 Minuten, 600 Kalorien

Dazu: **Blattsalat**

Nudel-Omelett

150 g Vollkornspaghetti, 1 Teel. Butter, 150 g gekochter Schinken (in dünnen Scheiben), etwa 5 Salbeiblätter, 1 Eßl. Butterschmalz, 3 Eier, 3 Eßl. frisch geriebener Parmesankäse, Salz, frisch gemahlener Pfeffer.

1 Die Spaghetti kochen, abgießen und die Butter daruntermischen.
2 Die Schinkenscheiben in dünne Streifen schneiden. Die Salbeiblätter waschen und in Streifen schneiden. Mit den Spaghetti vermischen.
3 Butterschmalz in der großen Pfanne erhitzen. Die Spaghetti hineingeben und unter Wenden anbraten.
4 In einer Schüssel die Eier mit Parmesankäse, Salz und Pfeffer verquirlen. Über die angebratenen Spaghetti gießen.
5 Zugedeckt erst von der einen, dann von der anderen Seite braten. Mit Hilfe des Pfannendeckels oder eines Tellers wenden.
6 Das Omelett vierteln und anrichten.

Ca. 25 Minuten, 730 Kalorien

Vorweg:

Tomatensalat mit Schafkäse

2 große Fleischtomaten halbieren und in Scheiben schneiden. Auf zwei Tellern anrichten. Mit reichlich Schnittlauch bestreuen und 3 Eßl. Olivenöl darüberträufeln. Etwas Schafkäse grob darüberraspeln.

Nudeln mit Gorgonzolasahne

200 g breite Bandnudeln, Salz, 50 g Gorgonzola, 5 Eßl. Schlagsahne, 50 g Walnüsse, 1 Teel. Butter.

1 Die Nudeln in reichlich Salzwasser bißfest kochen.
2 Inzwischen den Gorgonzola mit einer Gabel grob zerdrücken. Mit der Sahne unter Rühren erhitzen. Die Nüsse grob zerschneiden.
3 Die Nudeln abgießen, sofort mit der Butter vermischen und auf vorgewärmte Teller füllen.
4 Die Gorgonzolasahne darüber verteilen. Mit den Walnüssen bestreuen.

Ca. 15 Minuten, 780 Kalorien

Vorweg:

Zucchini mit Basilikum

3 kleine, junge Zucchini grob raspeln und mit etwa 10 frischen, grobgehackten Basilikumblättern mischen. 1 Eßl. Zitronensaft, 1/2 Teel. Senf, 1 Teel. Weinessig, Salz und 1 Prise Zucker verrühren. 3 Eßl. Olivenöl darunterschlagen und alles unter die Zucchini mischen.

Bandnudeln mit Lachs

2 Schalotten, 150 g Graved Lachs in Scheiben, 1 Eßl. Butter, 1 Glas trockener Weißwein, 1/8 l Schlagsahne, Salz, frisch gemahlener Pfeffer, 200 g Bandnudeln, Basilikum.

1 Die Schalotten abziehen und fein hacken. Den Lachs in fingerbreite Streifen schneiden.
2 Butter in der kleinen Pfanne erhitzen und die Schalotten darin weich dünsten. Mit Wein ablöschen und um die Hälfte offen einkochen.
3 Die Schlagsahne unterrühren, mit Salz und Pfeffer würzen und offen cremig einkochen.
4 Inzwischen die Nudeln in reichlich Salzwasser bißfest kochen.
5 Die Bandnudeln abgießen und sofort unter die Soße mischen. Auf Teller füllen und die Lachsstreifen darauf verteilen. Mit Basilikumblättern bestreuen.

Ca. 20 Minuten, 850 Kalorien

Vorweg:
grüner Salat mit Birne
(siehe Seite 73)

Spaghetti mit Petersilienpesto

1 Bund glatte Petersilie, 1 Knoblauchzehe, 1 walnußgroßes Stück Parmesankäse, 1 Eßl. Pinienkerne, 1 Messerspitze Salz, 4 Eßl. Olivenöl, 200 g Spaghetti.

1 Die Petersilie waschen und trockenschleudern. Die Stiele mitverwenden. Die Petersilie grob zerschneiden. Die Knoblauchzehe abziehen.
2 Die Petersilie mit kleinen Käsestückchen, Knoblauchzehe, Pinienkernen und Salz im Mixer dickcremig pürieren.
3 Das Öl darunterrühren.
4 Die Nudeln in reichlich leicht gesalzenem Wasser kochen. Petersilienpesto unter die abgetropften Spaghetti mischen.

Ca. 20 Minuten, 710 Kalorien

Dazu:
Tomatensalat mit Schafkäse
(siehe Seite 103)

Natürlich können Sie statt der Petersilie auch Basilikum nehmen, wie es in Italien üblich ist. Oder halb und halb – das geht auch. Und: Wenn Sie die fünffache Menge der Pesto-Zutaten verarbeiten, erhalten Sie einen Pesto-Vorrat, den Sie gekühlt und gut verschlossen einige Wochen aufbewahren können. Pesto schmeckt nicht nur zu Nudeln, sondern ebensogut zu heißen Pellkartoffeln und in Gemüsesuppen.

Spaghetti mit Petersilienpesto

Nudeln mit Endiviensahne

1 Endiviensalat, 2 Lauchzwiebeln, 1 Eßl. Butter, 1/8 l Schlagsahne, Salz, frisch gemahlener Pfeffer, 200 g Bandnudeln, 150 g Nordseekrabbenfleisch.

1 Die äußeren dunklen Blätter vom Endiviensalat entfernen. Die Salatblätter sorgfältig waschen und trockenschleudern. Die Blätter übereinanderstapeln und in Streifen schneiden.
2 Die Lauchzwiebeln putzen und in Ringe schneiden.
3 Butter in der großen Pfanne erhitzen. Zwiebeln und Endivien unter Wenden weich dünsten. Die Sahne dazugießen, salzen und pfeffern. Offen zwei Minuten schmoren.
4 Inzwischen in einem Topf die Nudeln in reichlich Salzwasser kochen.
5 Die gut abgetropften Nudeln mit der Endiviensahne vermischen und auf tiefe Teller füllen. Die Krabben darüber verteilen.

Ca. 20 Minuten, 770 Kalorien

Gefüllte Nudeln

125 g große Muschelnudeln, Salz, 1 Bund glatte Petersilie, 1 Lauchzwiebel, 50 g Walnüsse, 150 g Mozzarella, 2 Eßl. frisch geriebener Parmesankäse, 125 g Hüttenkäse, frisch gemahlener Pfeffer, Butter für die Form, 1/8 l Milch, 2 Eier, 1 Teel. Butter.

1 Die Muschelnudeln in reichlich gesalzenem Wasser etwa neun Minuten kochen.
2 Den Backofen auf 200 Grad vorheizen. Für die Füllung die Petersilie und Lauchzwiebeln hacken. Die Walnüsse grob zerkleinern, Mozzarella fein würfeln. Alles mit dem geriebenen Parmesankäse, dem Hüttenkäse, Salz und Pfeffer vermischen und abschmecken. Zwei kleine Gratinformen einfetten.
3 Die gut abgetropften Muschelnudeln mit der Käsemasse füllen und nebeneinander in die Form legen.
4 Milch, Eier, Salz und Pfeffer verquirlen und über die Nudeln gießen. Pergamentpapier mit Butter bestreichen und auf die Nudeln legen.
5 Die Formen auf dem Rost in den Backofen schieben – mittlere Schiene. 20 Minuten backen.

Ca. 40 Minuten, 620 Kalorien

Gefüllte Nudeln

Nudel-Gratin

150 g Buchweizennudeln oder andere Vollkornnudeln, Salz, 1 Eßl. Butter, 1 Dose Thunfisch naturell, 2 Fleischtomaten (300 g), 50 g Oliven, frisch gemahlener Pfeffer, 1 Teel. Provence-Kräuter, 2 Eier, 50 g geriebener Käse (z. B. Emmentaler), 1/8 l Milch, 1 kleine Schalotte, 1 Knoblauchzehe, 1 Eßl. Sesam.

1 Die Nudeln in Salzwasser kochen und gut abtropfen lassen. Anschließend in Butter schwenken und auf zwei gefettete Formen verteilen.

2 Den Backofen auf 225 Grad vorheizen. Den Thunfisch abtropfen lassen. Die Tomaten würfeln. Oliven, Thunfisch und Tomaten mit einer Gabel unter die Nudeln mischen. Pfeffer darübermahlen und die Provence-Kräuter darüberstreuen.

3 Eier, Käse, Salz und Milch verquirlen, die abgezogene Schalotte und Knoblauchzehe durch die Knoblauchpresse darüberdrücken.

4 Die Eiermilch eßlöffelweise über die Nudeln verteilen. Mit Sesam bestreuen. In den Ofen schieben – mittlere Schiene. 20 Minuten backen.

Ca. 35 Minuten, 750 Kalorien

Dazu: **gemischter Salat**

Schinken-Spätzle mit Zucchini

200 g grüne Spätzle, Salz, 2 kleine Zucchini, 2 Schalotten, 1 Knoblauchzehe, 1 Eßl. Butter, frisch gemahlener Pfeffer, 1/8 l Schlagsahne, 50 g gekochter Schinken, Parmesankäse.

1 Die Spätzle in Salzwasser kochen und abgießen.

2 Inzwischen die Zucchini waschen und in dünne Stifte schneiden. Schalotten und Knoblauch abziehen und fein hacken.

3 Butter in der großen Pfanne erhitzen. Schalotten, Knoblauch und Zucchini unter gelegentlichem Wenden darin glasig dünsten, leicht salzen und pfeffern. Sahne zugießen und offen etwas einkochen.

4 Den Schinken in feine Streifen schneiden, das Fett entfernen.

5 Alles vermischen, auf Teller füllen und Parmesan darüberreiben.

Ca. 20 Minuten, 700 Kalorien

Vorweg: **Gemischter Salat**

1 kleine Zwiebel abziehen und in Scheiben schneiden, salzen und 10 Minuten ruhenlassen. 1 Römersalat in Stücke zupfen und 1 Fleischtomate grob zerschneiden. Beides zur Zwiebel in die Schüssel geben. 3 Eßl. Olivenöl und 2 Eßl. Weinessig dazugeben und erst unmittelbar vor dem Essen sorgfältig durchmischen.

Chinesische Bratnudeln

150 g chinesische Eiernudeln, Salz, 150 g Hähnchenbrustfilet, 4 Eßl. Öl, 100 g Nordseekrabben, 2 Eier, 2 Eßl. Sojasoße, 1 Teel. Butter.

1 Die Nudeln in reichlich Salzwasser bißfest kochen. Auf ein Sieb geben und gut abtropfen lassen.
2 Das Hähnchenfilet in sehr feine Streifen schneiden.
3 Öl in der großen Pfanne erhitzen und das Fleisch unter Wenden schnell rundherum anbraten. Die Krabben dazugeben und nur erhitzen. Beides herausnehmen.
4 Die Nudeln in die Pfanne geben und schnell unter Wenden braten.
5 Krabben und Fleisch zu den Nudeln zurück in die Pfanne geben.
6 Die Eier mit Sojasoße verschlagen und in der kleinen Pfanne daneben in Butter braten. In Streifen schneiden und auf die angerichteten Portionen verteilen.

Ca. 25 Minuten, 620 Kalorien

Vorweg:

Gurken-Radieschen-Salat

1 kleine Salatgurke schälen und in bleistiftdicke Stifte schneiden. 1 Bund Radieschen in Scheiben schneiden und beides vermischen. Eine Marinade aus 3 Eßl. Zitronensaft, 1 Eßl. Sojasoße, 1 Teel. Zucker, Salz und 3 Eßl. Öl anrühren. Unter die Radieschen und Gurken mischen und Kresse darüberschneiden.

Grüne Spaghetti

V

300 g kleine Zucchini, 2 Lauchzwiebeln, 200 g Spaghetti, Salz, 1 Eßl. Butter, frisch gemahlener Pfeffer, 1/2 Becher (100 ml) Schlagsahne, 4 Eßl. frisch geriebener Parmesankäse, einige frische Basilikumblätter.

1 Die Zucchini waschen und in bleistiftdicke Stifte schneiden. Die Zwiebeln putzen und in Ringe schneiden. Die Spaghetti in Salzwasser bißfest kochen.
2 Butter in der großen Pfanne erhitzen, Zucchini und Zwiebeln etwa vier Minuten darin braten. Salzen und Pfeffer darübermahlen.
3 Die abgetropften Spaghetti, die Sahne und den Parmesankäse darunterheben. Zwei Minuten schmoren lassen. Mit Basilikumblättern bestreut anrichten.

Ca. 20 Minuten, 720 Kalorien

Sie können auch Lachsschinken oder geräucherten Lachs in sehr feine Streifen schneiden und über jede angerichtete Portion geben.

Bratspätzle

200 g Spätzle, Salz, 1 Eßl. Butterschmalz, 200 g Tiefseekrabben (geschält), 3 Eier, 2 Eßl. Sojasoße, frisch gemahlener Pfeffer, Schnittlauch.

1 Die Spätzle in reichlich Salzwasser kochen und abtropfen lassen.
2 Butterschmalz in der großen Pfanne erhitzen und die Spätzle unter gelegentlichem Wenden braten.
3 Die Krabben hinzufügen und etwa eine Minute mitbraten. Die Eier mit Sojasoße und Pfeffer verquirlen und darunterrühren. Stocken lassen.
4 Den Schnittlauch in feine Röllchen schneiden und darüberstreuen.

Ca. 20 Minuten, 790 Kalorien

Vorweg: **Bohnen mit Zitrone**

500 g Schnittbohnen in Stücke schneiden und mit 1/2 Tasse Wasser zugedeckt etwa 20 Minuten kochen. Abgießen. 1 Eßl. Butter in Flöckchen, gehackte Petersilie und 2 Eßl. Zitronensaft darunterheben. Erst kurz vor dem Servieren leicht salzen.

Glasnudeln mit Filet

100 g Glasnudeln, 250 g Rinderfilet, 1 Eiweiß, 1 Teel. Speisestärke, Salz, frisch gemahlener Pfeffer, 1/2 Teel. Zucker, 1 Teel. Gemüsebrühe (Instantpulver), 1 Möhre, 2 Lauchzwiebeln, 4 Eßl. Öl, 1/2 Tasse heiße Gemüsebrühe (Instant), 2 Eßl. trockener Sherry, 2 Eßl. Sojasoße.

1 Die Glasnudeln in warmem Wasser einweichen.
2 Das Filet in einen halben Zentimeter dicke Scheiben schneiden.
3 Eiweiß, Speisestärke, Salz, Pfeffer, Zucker und Gemüsebrühe verrühren. Die Filetscheiben darin wenden und marinieren.
4 Die Möhre schräg in dünne Scheiben, die Lauchzwiebeln mit dem dunklen Grün in etwa vier Zentimeter lange Stücke schneiden.
5 Öl in der großen Pfanne erhitzen und das Gemüse unter Wenden eine Minute braten, herausnehmen. Danach das abgetropfte Fleisch kurz und scharf darin anbraten.
6 Brühe, Sherry und Sojasoße hinzufügen. Sämig kochen und mit Salz abschmecken.
7 Die Glasnudeln in kochendem Salzwasser vier Minuten gar ziehen.
8 Abgetropfte Glasnudeln auf Teller geben, Fleisch, Soße und das Gemüse darauf verteilen.

Ca. 25 Minuten, 600 Kalorien

Glasnudeln mit Filet

Bandnudeln mit Pilz-Schinken-Sahne

25 g getrocknete Steinpilze, 100 g magerer gekochter Schinken, 1 Schalotte, 1 Teel. Butter, 1/8 l Schlagsahne, 2 Eßl. frisch geriebener Parmesankäse, Salz, frisch gemahlener Pfeffer, 200 g Bandnudeln, 2 Teel. gehackte Petersilie.

1 Die Steinpilze in einem Achtelliter heißem Wasser etwa 15 Minuten einweichen.
2 Den gekochten Schinken in feine Streifen schneiden. Die Schalotte abziehen und hacken.
3 Butter in der großen Pfanne erhitzen. Die Schalotte eine Minute darin glasig dünsten.
4 Die Steinpilze mit der Einweichflüssigkeit dazugeben. Alles offen um die Hälfte einkochen. Den Schinken hinzufügen und eine Minute mitdünsten. Schlagsahne und Parmesankäse einrühren. Mit Salz und Pfeffer abschmecken.
5 Inzwischen die Nudeln kochen und abgießen.
6 Soße und Nudeln vermischen und auf vorgewärmte, tiefe Teller füllen. Mit Petersilie bestreuen.

Ca. 20 Minuten, 830 Kalorien

Überbackener Reis

100 g Reis, 150 g magerer gekochter Schinken, 100 g fester Schnittkäse, 1/2 Teel. Butter für die Formen, 4 Eier, frisch gemahlener Pfeffer, Salz, 2 Eßl. Crème fraîche, 2 Eßl. frisch geriebener Parmesankäse, etwas Schnittlauch.

1 Den Reis garen. Den Backofen auf 225 Grad vorheizen. Den gekochten Schinken und den Käse würfeln und mischen.
2 Zwei feuerfeste Gratinförmchen mit Butter einfetten. Reis, Käse und Schinken auf dem Boden verteilen. Die Eier darüber aufschlagen. Mit Salz und Pfeffer würzen.
3 Crème fraîche flöckchenweise daraufsetzen. Parmesankäse darüberstreuen.
4 Die Förmchen auf dem Rost in den Backofen schieben – mittlere Schiene. Etwa 15 Minuten backen.
5 Den Schnittlauch in feine Röllchen schneiden und darüberstreuen.

Ca. 20 Minuten, 720 Kalorien

Vorweg: **Paprikasalat**
(siehe Seite 146)

Reis auf Eisbergsalat

100 g Langkornreis, 150 g Rinderfilet, 1 große Zwiebel, 1 Knoblauchzehe, 3 Eßl. Öl, 3 Eßl. Sojasoße, Salz, frisch gemahlener Pfeffer, 1 Eisbergsalat, etwas Schnittlauch.

1 Den Reis garen.
2 Inzwischen das Fleisch in Streifen schneiden. Zwiebel und Knoblauch abziehen und hacken.
3 Öl in der großen Pfanne stark erhitzen. Das Fleisch schnell rundherum anbraten, herausnehmen. Die Hitze herunterschalten.
4 Die Zwiebel und den Knoblauch unter Wenden im verbliebenen Fett anbraten. Den abgetropften Reis, das Fleisch und die Sojasoße dazugeben, leicht salzen und pfeffern. Unter Wenden so lange braten, bis der Reis gleichmäßig braun ist.
5 Vom Salatkopf etwa vier große Salatblätter abtrennen, waschen und trockentupfen. Reis darauf anrichten. Mit Schnittlauch bestreuen.

Ca. 20 Minuten, 560 Kalorien

Reis garen:

Langkornreis mit der doppelten Menge Wasser und etwas Salz im geschlossenen Topf aufkochen. Den Herd sofort ausschalten und den Reis im zugedeckten Topf etwa 20 Minuten quellen lassen. Oder: Den Reis in reichlich kochendes, leicht gesalzenes Wasser geben und offen nicht länger als zwölf Minuten kochen. Gut abtropfen lassen.

Risotto mit Champignons

1 große Fleischtomate, 1 Zwiebel, 1 Eßl. Butterschmalz, 120 g Risottoreis, 1/4 l Gemüsebrühe (Instant), 1 Glas Weißwein, 150 g braune Champignons, 2 Eßl. Crème fraîche, etwas frisch geriebener Parmesankäse, Basilikumblätter.

1 Die Tomate mit kochendem Wasser überbrühen, die Haut abziehen und würfeln. Die Zwiebel abziehen und würfeln.
2 Einen halben Eßlöffel Butterschmalz in der großen Pfanne erhitzen und die Zwiebelwürfel darin andünsten. Den Reis hinzugeben und glasig dünsten.
3 Die Brühe zugießen und den Reis zugedeckt 15 Minuten garen.
4 Dann den Wein zugießen und fünf Minuten weitergaren.
5 Inzwischen die Champignons putzen und in Scheiben schneiden. In dem restlichen Butterschmalz in der kleinen Pfanne kurz und kräftig anbraten, salzen und pfeffern.
6 Champignons, gewürfelte Tomate und Crème fraîche unter den Reis heben. Käse darüberreiben und sofort servieren. Mit Basilikumblättern bestreuen.

Ca. 35 Minuten, 470 Kalorien

Dazu: **Blattsalat**

Bratreis

100 g Langkornreis, 1 rote Paprikaschote, 1 Bund Lauchzwiebeln, 1 Ei, 1 Eßl. Sojasoße, 2 Eßl. Öl, Salz, frisch gemahlener Pfeffer, 1 Teel. Butter, 150 g Krabbenfleisch.

1 Den Reis garen.
2 Die Paprikaschote putzen, waschen und in kleine Würfel schneiden. Die Lauchzwiebeln putzen, waschen und in feine Ringe schneiden. Das Ei mit Sojasoße verquirlen.
3 Öl in der großen Pfanne erhitzen. Paprika und die Hälfte der Zwiebeln bei starker Hitze unter ständigem Rühren eine Minute braten. Salzen, pfeffern und aus der Pfanne nehmen, warm halten.
4 Butter in die Pfanne geben und den Reis unter Rühren etwa zwei Minuten braten. Krabben und Gemüse hinzufügen, eine Minute braten.
5 Zum Schluß das verquirlte Ei darübergießen und unter Wenden bei starker Hitze stocken lassen.
6 Die rohen, zurückbehaltenen Lauchzwiebeln darüberstreuen.

Ca. 20 Minuten, 430 Kalorien

Dazu: **Gurkensalat**

Reis-Geflügel-Pfanne

2 Hähnchenkeulen, Salz, Cayennepfeffer, 1 rote oder gelbe Paprikaschote, 1 Zucchino, 1 Zwiebel, 1 Knoblauchzehe, 3 Eßl. Öl, 100 g Rundkornreis, 1/4 l Geflügelbrühe (Instant).

1 Die Hähnchenkeulen in Ober- und Unterkeule zerteilen. Die Haut abtrennen und entfernen. Die Keulen mit Salz und Cayennepfeffer würzen.
2 Die Paprikaschote putzen und in kleine Stücke schneiden. Den Zucchino würfeln. Zwiebel und Knoblauchzehe abziehen und hacken.
3 Das Öl in der großen Pfanne erhitzen. Die Keulenstücke zehn Minuten rundherum darin anbraten, aus der Pfanne nehmen.
4 Den Reis in die Pfanne geben und unter Wenden eine Minute andünsten. Dann das Gemüse dazugeben und etwa drei Minuten dünsten.
5 Die Geflügelstücke zurück in die Pfanne geben und die heiße Brühe zugießen. Einmal aufkochen lassen. Auf kleine Stufe zurückschalten und alles zugedeckt etwa 30 Minuten garen.
6 Mit Salz und Pfeffer abschmecken.

Ca. 50 Minuten, 580 Kalorien

Reis-Geflügel-Pfanne

Kräuterreis

250 g Hähnchenfilet, 1 Zwiebel, 3 Eßl. Öl, 1 Tasse Reis, 1/4 l heiße Hühnerbrühe (Instant), 1 Paket TK-Erbsen (300 g), 1 Paket TK-Kräuter-Mischung, 1 Knoblauchzehe, 3 Eßl. Schmand.

1 Das Hähnchenfilet in feine Streifen schneiden. Die Zwiebel abziehen und würfeln.
2 Öl in der großen Pfanne erhitzen. Fleisch und Zwiebelwürfel unter Wenden schnell anbraten. Das Fleisch an den Pfannenrand schieben und den Reis in die Pfannenmitte geben. Zwei Minuten unter Wenden anbraten.
3 Heiße Brühe zugießen und 15 Minuten zugedeckt garen.
4 Erbsen und Kräuter unterheben und offen fünf Minuten weitergaren. Den Knoblauch darüberdrücken, Schmand unterheben und sofort servieren.

Ca. 35 Minuten, 460 Kalorien

Dazu: **Salat**

Zwiebelfladen

2 Gemüsezwiebeln (500 g), 1 1/2 Eßl. Butterschmalz, 3 Eier, 1/8 l Milch, 100 g geriebener Käse (z. B. Emmentaler), 2 Eßl. Mehl, Salz, frisch gemahlener Pfeffer, 1 Teel. getrockneter Majoran, 1 Fleischtomate,1/2 Bund Schnittlauch.

1 Die Zwiebeln abziehen und grob würfeln.
2 Butterschmalz in der großen Pfanne erhitzen. Die Zwiebeln darin in etwa sieben Minuten glasig braten.
3 Inzwischen die Eier mit Milch, geriebenem Käse und dem Mehl verschlagen, mit Salz, Pfeffer und Majoran würzen.
4 Über die Zwiebeln in die Pfanne gießen. In der zugedeckten Pfanne bei kleiner Hitze etwa 15 Minuten stocken lassen.
5 Die Tomate in Würfel, den Schnittlauch in Röllchen schneiden. Beides auf dem fertigen Fladen anrichten.

Ca. 30 Minuten, 670 Kalorien

Statt Tomate ganz feingeschnittenen Kasseler-Aufschnitt auf den Fladen streuen.

Apfel-Schmarren

2 Eier, 1/8 l saure Sahne, 1 Prise Salz, 1 Teel. Vanillezucker, 100 g Buchweizenmehl, 2 Äpfel, 1 1/2 Eßl. Butter, 1 Gläschen Calvados, 4 Eßl. Ahornsirup.

1 Die Eier trennen. Eigelb, saure Sahne, Salz, Vanillezucker und Buchweizenmehl in eine Rührschüssel geben. Zu einem glatten Teig verrühren.
2 Das Eiweiß steif schlagen und unterheben.
3 Die Äpfel schälen, entkernen und in Stücke schneiden.
4 Die Hälfte der Butter in der großen Pfanne erhitzen und die Apfelstücke etwa zwei Minuten darin andünsten. Den Teig darübergießen. Nach drei Minuten wenden und den Pfannkuchen mit zwei Gabeln zerreißen. Bei guter Hitze goldgelb und krümelig braten. Die restliche Butter nach und nach hinzugeben.
5 Calvados darübergießen und sofort anzünden. Mit Ahornsirup beträufeln.

Ca. 25 Minuten, 760 Kalorien

Statt Ahornsirup und Calvados zwei Eßlöffel Honig mit drei Eßlöffel Zitronensaft verrühren, über den heißen Schmarren träufeln.

Parma-Pfannkuchen

2 Eier, etwas Salz, 1 Prise Zucker, 2 Eßl. Haferflocken, 3 Eßl. Mehl, 1-2 Eßl. Butterschmalz, 2 hauchdünne Scheiben Parmaschinken (oder Schinkenspeck), 2 Scheiben Käse (z. B. Cheddar), Salbeiblätter.

1 Die Eier trennen. Das Eigelb mit knapp einem Achtelliter warmem Wasser, etwas Salz und Zucker verquirlen. Haferflocken und Mehl darunterrühren.
2 Das Eiweiß steif schlagen und darunterheben.
3 Etwas Butterschmalz in zwei kleinen Portionspfannen erhitzen und je eine Kelle Teig hineingeben. Sofort eine Schinken- und Käsescheibe und zwei Salbeiblätter auf den noch flüssigen Teig legen.
4 Die Pfannkuchen wenden und fertigbraten.

Ca. 20 Minuten, 600 Kalorien

Dessert: Kaki-Creme

1 weiche, reife Kaki schälen und mit der Gabel grob zermusen. Mit einem kleinen Becher Quark (125 g) und 2 Eßl. Orangenlikör oder Ahornsirup verrühren. In Dessertgläser füllen. Mit gehackten Pistazien bestreuen.

Zutaten zum Rezept „Kräuteromelett" auf der nächsten Seite.

Eier und Käse

Wer Eier und Käse im Haus hat, kann immer aus dem Stegreif eine gute kleine Mahlzeit zubereiten. Die Auswahl in diesem Kapitel ist groß: Sie reicht vom Auberginen-Omelett bis zum heißen Mozzarella-Käse. Diese Gerichte sind auch sehr gut geeignet für alle, die gern mal auf Fleisch verzichten.

Kräuteromelett

1 Bund Schnittlauch, 1 Bund glatte Petersilie, 1 kleine Zwiebel, 100 g Champignons, 4 Eier, 1 Eßl. Sojasoße, frisch gemahlener Pfeffer, 2 Eßl. Crème fraîche, 2 Teel. Butter, 50 g Sonnenblumenkerne, 2 Eßl. frisch geriebener Parmesankäse.

1 Den Schnittlauch und die Petersilie waschen. Den Schnittlauch in feine Ringe schneiden, die Petersilie hacken. Die Zwiebel abziehen und hacken. Champignons in Scheiben schneiden.
2 Die Eier mit Sojasoße, Pfeffer, Crème fraîche und den Kräutern verquirlen.
3 Die Butter auf zwei kleine Portionspfannen verteilen und erhitzen. Jeweils die Hälfte der gehackten Zwiebel, der Sonnenblumenkerne und Pilzscheiben darin leicht anrösten. Die verquirlten Eier je zur Hälfte darübergießen. Bei kleiner Hitze stocken lassen; die Oberfläche soll jedoch cremig bleiben.
4 Die Omeletts auf Teller gleiten lassen. Mit Parmesankäse bestreuen und zur Hälfte umklappen.

Ca. 20 Minuten, 430 Kalorien

Dazu:
Vollkornbrot mit Butter

Spinatgratin

500 g Spinat, 100 g Schafkäse, 3 Eier, 1/2 Becher Schlagsahne (125 ml), Salz, frisch gemahlener Pfeffer, 1 Eßl. Butter, 2 Eßl. geriebener Parmesankäse, 2 Eßl. gehackte Mandeln.

1 Den Spinat putzen und gründlich waschen. Tropfnaß in einen Topf geben. Bei größter Hitze zugedeckt zusammenfallen lassen. Zum Abtropfen auf ein Sieb geben.
2 Den Backofen auf 225 Grad vorheizen. Den Schafkäse grob raffeln. Mit Eiern, Sahne, Salz und Pfeffer verrühren. Den Spinat grob zerhacken und mit einer Gabel auflockern. Unter die Ei-Käse-Mischung heben.
3 Zwei Gratinformen mit etwas weicher Butter ausfetten und den Spinat einfüllen.
4 Parmesankäse und Mandeln vermischen und darüber verteilen. Die restliche Butter in Flöckchen daraufsetzen.
5 Die Form auf mittlerer Schiene in den Ofen schieben. Etwa 20 Minuten backen.

Ca. 35 Minuten, 700 Kalorien

Dazu: **Tomatensalat**

Eierpfanne mit Banane

1 Zwiebel, 100 g gekochter Schinken, 2 kleine Tomaten, 2 kleine Bananen, 2 Teel. Butterschmalz, 4 Eier, Salz, Pfeffer, Cayennepfeffer, 2 Eßl. frisch geriebener Parmesankäse, 2 Teel. gehackte Pistazien.

1 Die Zwiebel abziehen und in Ringe schneiden. Den Schinken in Streifen schneiden. Die Tomaten halbieren, die Bananen schälen und halbieren.

2 Butterschmalz in zwei kleinen Pfannen erhitzen. Bei milder Hitze die Zwiebelringe weich dünsten. Bananen, Schinken und Tomatenhälften auf beide Pfannen verteilen.

3 Je zwei Eier vorsichtig aufschlagen und in die Pfannen gleiten lassen. Mit Salz, Pfeffer und Cayennepfeffer würzen, Parmesankäse darüberstreuen.

4 Die Pfannen zudecken und die Eier bei mittlerer Hitze in fünf Minuten stocken lassen. Mit Pistazien bestreuen.

Ca. 15 Minuten, 530 Kalorien

Dazu:
geröstetes helles Vollkornbrot

Auberginen-Omelett

2 kleine, feste Auberginen, Salz, 1 Knoblauchzehe, 1 große Fleischtomate, 3 Eier, 100 g milder Schafkäse, 4 Eßl. Pflanzenöl, frisch gemahlener Pfeffer, Schnittlauch.

1 Die Auberginen waschen und in fingerdicke Würfel schneiden. Mit Salz bestreuen und zehn Minuten schwitzen lassen.

2 Die Knoblauchzehe abziehen, Tomate würfeln. Die Eier mit grob geraffeltem Schafkäse verquirlen.

3 Die Auberginen abspülen und zwischen Küchenkrepp gut abtrocknen.

4 Öl in der großen Pfanne erhitzen und die Auberginenwürfel darin braun braten. Die Knoblauchzehe darüberpressen und durchrühren.

5 Die verquirlten Eier über die Auberginen gießen. Die Tomatenwürfel darüber verteilen. Pfeffer darübermahlen.

6 Zugedeckt bei kleiner Hitze etwa sieben Minuten stocken lassen. Schnittlauch mit der Küchenschere darüberschneiden.

Ca. 30 Minuten, 380 Kalorien

Dazu: **Vollkornbrot**

Eier im Spinatbett

750 g grober Spinat, 1 Zwiebel, 2 Knoblauchzehen, 1 Eßl. Butter, Salz, frisch gemahlener Pfeffer, 4 Eier, 50 g Kräuter-Frischkäse (mit Knoblauch), 2 Eßl. Sesam.

1 Den Spinat verlesen und gründlich waschen. Tropfnaß in einen Kochtopf geben und zugedeckt bei größter Hitze zusammenfallen lassen. Zum Abtropfen auf ein Sieb geben. Den Backofen auf 225 Grad vorheizen.
2 Zwiebel und Knoblauchzehen abziehen, hacken und in Butter weich dünsten. Den Spinat hinzufügen, salzen, pfeffern und etwa zwei Minuten unter Wenden offen dünsten.
3 Den Spinat in zwei gebutterte Gratinformen füllen. Mit einem Löffel je zwei Mulden hineindrücken. Dahinein die Eier setzen. Salzen, pfeffern und den Frischkäse in kleinen Flöckchen daraufsetzen. Mit Sesam bestreuen.
4 Die Formen auf dem Rost in den Ofen schieben – mittlere Schiene. Zwölf Minuten backen.

Ca. 30 Minuten, 540 Kalorien

Dazu: **Knoblauchbrot**

Zucchini-Omelett

400 g kleine, feste Zucchini, 2 Eßl. Öl, 1/2 Teel. Kräutersalz, 3 Eier, 3 Eßl. frisch geriebener Parmesankäse, 2 Eßl. Crème fraîche, frisch gemahlener Pfeffer, 1/4 Teel. getrockneter Rosmarin, 1 Teel. Butter für die Formen, 2 Eßl. Sonnenblumenkerne.

1 Die Zucchini waschen und grob raffeln. In der großen Pfanne in heißem Öl weich dünsten. Salzen. Den Backofen auf 200 Grad vorheizen.
2 Die Eier trennen. Eigelb, Parmesankäse, Crème fraîche, Pfeffer und Rosmarin verrühren und unter die Zucchini heben. Das Eiweiß steif schlagen und vorsichtig darunterheben.
3 Zwei Gratinformen mit Butter ausfetten und die Zucchinimasse einfüllen. Sonnenblumenkerne darüberstreuen.
4 Die Formen auf dem Rost in den Ofen schieben – mittlere Schiene. Etwa 30 Minuten backen.

Ca. 40 Minuten, 450 Kalorien

Dazu: **Parmaschinken**

Zucchini-Omelett

Eier im Endivienbett

1 großer Endiviensalat, 2 Schalotten, 1 Eßl. Butter, Salz, frisch gemahlener Pfeffer, 5 Eßl. Schlagsahne, 4 Eier, 50 g geriebener Käse (z. B. Emmentaler).

1 Den Endivienkopf putzen, waschen und die Blätter quer in Streifen schneiden.
2 Die Schalotten abziehen und hacken. Butter in der großen Pfanne erhitzen und die Schalotten darin glasig dünsten. Den Backofen auf 225 Grad vorheizen.
3 Den Endiviensalat hinzufügen. Zugedeckt bei kleiner Hitze in etwa drei Minuten zusammenfallen lassen. Salzen, pfeffern und die Sahne hinzugießen. Offen eine Minute schmoren.
4 Das Endiviengemüse auf zwei gefettete Gratinförmchen verteilen. Die Eier aufschlagen und in Mulden gleiten lassen.
5 Den geriebenen Käse darüberstreuen.
6 Die Formen auf dem Rost in den Backofen schieben – mittlere Schiene. Etwa zwölf Minuten backen.

Ca. 30 Minuten, 490 Kalorien

Dazu: **Baguette**

Pilzomelett mit Lachs

400 g braune Champignons, 2 Schalotten, 4 Eier, 3 Eßl. Schlagsahne, Salz, etwas Schnittlauch, 1 Eßl. Butterschmalz, frisch gemahlener Pfeffer, 150 g geräucherter Lachs.

1 Die Champignons mit einem Pinsel putzen und am Stielende etwas abschneiden. In dünne Scheiben schneiden. Die Schalotten abziehen und hacken.
2 Die Eier mit Sahne und Salz verquirlen. Den Schnittlauch waschen und in Ringe schneiden.
3 Butterschmalz in der großen Pfanne erhitzen. Die Schalotten kurz darin glasig dünsten. Die Champignons hinzufügen und unter Wenden goldbraun braten. Salzen und pfeffern.
4 Die verquirlten Eier darübergießen. Mit Schnittlauch bestreuen. In der geschlossenen Pfanne bei kleinster Hitze etwa acht Minuten stocken lassen.
5 Das Omelett halbieren und auf Teller geben. Den Lachs daneben anrichten.

Ca. 25 Minuten, 490 Kalorien

Dazu: **Grüner Salat**

Setzei auf Tomate

2 große Fleischtomaten, 1 Eßl. Butter, 1/2 Teel. Majoran, 4 Eier, Salz, frisch gemahlener Pfeffer, etwa 2 Eßl. frisch geriebener Parmesankäse, etwas Schnittlauch.

1 Die Tomaten überbrühen, abziehen und in Scheiben schneiden.
2 Butter in der großen Pfanne erhitzen und die Tomatenscheiben nebeneinander hineinlegen. Mit Majoran bestreuen. Etwa zwei Minuten bei mittlerer Hitze darin dünsten.
3 Die Eier einzeln aufschlagen und vorsichtig auf die Tomatenscheiben setzen. Mit Salz und Pfeffer bestreuen. Den Käse darüberstreuen. Die Pfanne schließen und alles etwa vier bis sechs Minuten schmoren.
4 Den Schnittlauch darüberschneiden, in der Pfanne servieren.

Ca. 20 Minuten, 310 Kalorien

Beilage:
Gratinierte Kartoffeln

4 mittelgroße (am besten neue) Kartoffeln unter fließendem kaltem Wasser gründlich bürsten. Ca. 20 Minuten in der Schale kochen. Der Länge nach halbieren. Etwa 75 g frischen Ziegenkäse (oder Schafkäse) in 8 Scheibchen schneiden und auf die Schnittflächen legen. Mit weicher Butter einpinseln. Mit dem Käse nach oben unterm Grill oder im heißen Backofen einige Minuten goldbraun überbacken.

Heißer Mozzarella mit Tomatensalat

2 kleine Fleischtomaten, 1 Zwiebel, 2 Knoblauchzehen, Salz, 1 Bund glatte Petersilie, 2 Eßl. Kapern, 100 g schwarze Oliven, Saft von 1/2 Zitrone, 4 Eßl. Olivenöl, 300 g Mozzarella, frisch gemahlener Pfeffer, 1 Ei, 2 Eßl. Semmelbrösel, 2 Eßl. frisch geriebener Parmesankäse, 1 1/2 Eßl. Butterschmalz.

1 Die Tomaten waschen und den Stielansatz herausschneiden. In halbe Scheiben schneiden und auf zwei Tellern anrichten.
2 Die Zwiebel und die Knoblauchzehen abziehen und hacken, über die Tomaten verteilen, leicht salzen.
3 Gehackte Petersilie, abgetropfte Kapern und Oliven über die Tomaten geben. Alles mit Zitronensaft und Olivenöl beträufeln.
4 Den Mozzarella quer in dicke Scheiben schneiden, leicht salzen und pfeffern. Zuerst in dem verquirlten Ei, dann in einem Gemisch aus Parmesankäse und Semmelbröseln wenden.
5 Butterschmalz in der kleinen Pfanne erhitzen. Den Mozzarella bei starker Hitze schnell von jeder Seite goldbraun braten.
6 Mozzarella auf dem Teller neben dem Tomatensalat anrichten.

Ca. 20 Minuten, 810 Kalorien

Dazu: **Baguette**

Eier-Tomaten-Pfanne

1 Gemüsezwiebel (etwa 300 g), 3 Eßl. Öl, 2 große Fleischtomaten, Salz, frisch gemahlener Pfeffer, 1 Teel. getrockneter Thymian, 150 g frischer Ziegenkäse, 3 Eier, 1 Packung gehackte Pistazien (25 g).

1 Die Zwiebel abziehen und grob würfeln.
2 Öl in der großen Pfanne erhitzen und die Zwiebelwürfel darin glasig dünsten.
3 Inzwischen die Tomaten halbieren, den Stielansatz herausschneiden. In Scheiben schneiden. Die Tomaten auf die Zwiebelwürfel legen. Mit Salz, Pfeffer und Thymian würzen.
4 Den Ziegenkäse grob raspeln und darüber verteilen.
5 Die Eier mit Salz und Pfeffer verquirlen und darübergießen.
6 Die Pfanne schließen und alles bei milder Hitze etwa 10 Minuten stocken lassen. Mit gehackten Pistazien bestreuen.

Ca. 30 Minuten, 790 Kalorien

Dazu:
feines Weizen-Vollkornbrot

Statt Ziegenkäse kann auch milder Schafkäse oder Mozzarella verwendet werden – Pistazien können Sie durch Schnittlauch oder Petersilie ersetzen.

Eier in Tomatensugo

1 Schalotte, 2 Knoblauchzehen, 750 g Fleischtomaten, 2 Eßl. Öl, Salz, frisch gemahlener Pfeffer, 4 Eier, 80 g Kräuterfrischkäse (mit Knoblauch), frische Basilikumblätter.

1 Die Schalotte und die Knoblauchzehen abziehen und hacken. Die Tomaten überbrühen, abziehen und grob zerschneiden.
2 Öl in der großen Pfanne erhitzen und die Schalotte und den Knoblauch unter Wenden darin glasig dünsten.
3 Die Tomaten hinzufügen. Bei mittlerer Hitze etwa 15 Minuten offen schmoren. Salzen und pfeffern. Vier Mulden hineindrücken.
4 Die Eier einzeln aufschlagen und in die Mulden gleiten lassen. Den Kräuterfrischkäse in Flöckchen daraufsetzen. Die Eier leicht salzen und pfeffern. Zugedeckt acht Minuten gar ziehen lassen.
5 Basilikumblätter darüber verteilen – in der Pfanne auftragen.

Ca. 35 Minuten, 460 Kalorien

Dazu: **Knoblauchbrot**
(siehe Seite 58)

Statt frischer Tomaten können Sie auch geschälte Tomaten aus der Dose verwenden: Die Flüssigkeit abgießen, die Tomaten etwas zerkleinern.

Eier in Tomatensugo

„Rote Kohlsuppe" mit Zutaten. Das Rezept steht auf der nächsten Seite.

Suppen und Eintöpfe

Eintöpfe und Suppen sind heute so beliebt wie eh und je. Das Besondere an den folgenden Rezepten ist, daß sie schnell zubereitet sind. Es gibt Gemüse- und Geflügelsuppen, Eintöpfe und leichte Suppen mit Fleischeinlage. Ergänzt werden die Rezepte durch Dessert-Vorschläge.

Rote Kohlsuppe

1 kleiner Weiß- oder Spitzkohl (etwa 750 g), 1 Zwiebel, 1 Eßl. Butterschmalz, 250 g Rinderhack, frisch gemahlener Pfeffer, 1/4 l Rindfleischbrühe (Instant), 1 kleines Glas Rote Bete (220 g), Salz, 1 Becher Meerrettich-Crème fraîche (150 g), 1 Tablett Kresse.

1 Den Kohl putzen, vierteln, den Strunk entfernen und den Kohl hobeln. Die Zwiebel abziehen und würfeln.

2 Butterschmalz in einem großen Topf erhitzen. Die Zwiebelwürfel darin glasig dünsten. Das Rinderhack hinzufügen und unter Wenden schnell darin anbraten. Pfeffer darübermahlen.

3 Den Kohl dazugeben und die Brühe zugießen. Einmal aufkochen lassen, dann zugedeckt etwa 15 Minuten köcheln lassen.

4 Rote Bete im Mixer grob zerkleinern und etwas Rote-Bete-Saft hinzufügen. Fünf Minuten weiterkochen lassen.

5 Die Suppe mit Salz und Pfeffer abschmecken.

6 Auf jede aufgefüllte Portion etwas Meerrettich-Crème fraîche und Kresse geben.

Ca. 30 Minuten, 670 Kalorien

Dazu: **Baguette**

Krautsuppe mit Entenfleisch

1 große Zwiebel, 1 Teel. Butterschmalz, 2 Entenkeulen, 1 Teel. Paprika, 250 g Weinkraut, 1/2 l klare Rindfleischbrühe (Instant), 1/2 Becher Schmand (100 g), frischer Dill.

1 Die Zwiebel abziehen und würfeln.

2 Butterschmalz im Schmortopf erhitzen und die Entenkeulen langsam darin goldbraun braten. Die Zwiebelwürfel hinzufügen und einige Minuten mitbraten. Die Keulen herausnehmen.

3 Zwiebelwürfel mit Paprika bestäuben und das grob zerschnittene Weinkraut unterrühren. Die Rindfleischbrühe zugießen und die Keulen obenauf legen. Im geschlossenen Topf 40 Minuten köcheln lassen.

4 Das Fleisch vom Knochen lösen und in Stücke schneiden. Zum Anrichten auf jede Portion einen Eßlöffel Schmand und abgezupften Dill geben.

Ca. 50 Minuten, 690 Kalorien

Dazu:
geröstete Brotscheiben

Chicorée-Suppe

1 große Zwiebel, 2 Möhren, 3 Stauden Chicorée, 1 Eßl. Butterschmalz, 1 Teel. Curry, 1/2 l Geflügelbrühe (Instant), 1 geräucherte Hähnchenbrust, 4 Eßl. Schlagsahne, 1 Eigelb, 2 Eßl. Zitronensaft.

1 Die Zwiebel abziehen und würfeln. Die Möhren schälen und in Stifte schneiden. Den Chicorée putzen, längs halbieren und in Stücke schneiden.

2 Butterschmalz in einem Topf erhitzen. Die Zwiebeln und Möhren unter Wenden bei kleiner Hitze etwa drei Minuten dünsten. Den Chicorée hinzufügen und eine Minute mitdünsten. Curry darüberstreuen, verrühren und die Brühe dazugießen.

3 Zugedeckt etwa fünf Minuten köcheln lassen. Geräuchertes Hähnchenfleisch von Haut und Knochen lösen und in Stücke schneiden. Einige Minuten in der Suppe ziehen lassen.

4 Sahne, Eigelb und Zitronensaft verquirlen und in die Suppe rühren. Sie darf dann nicht mehr kochen.

Ca. 20 Minuten, 330 Kalorien

Dazu:

aufgebackenes Fladenbrot, mit Kräuterbutter bestrichen

Hühnersuppe mit Zitrone

1 Stange Porree, 2 Möhren (150 g), 4 Kartoffeln (300 g), 1 Eßl. Butter, 3/4 l Hühnerbrühe (Instant), 1 geräucherte Hähnchenbrust (etwa 350 g), 3 Eßl. Schlagsahne, 1 Eigelb, abgeriebene Schale und Saft von 1/2 Zitrone, Salz, frisch gemahlener Pfeffer, 1 Prise Zucker.

1 Den Porree putzen, waschen und in Ringe schneiden. Die Möhren waschen und in Scheiben schneiden, die Kartoffeln schälen und würfeln.

2 Butter in einem großen Topf erhitzen und das Gemüse darin andünsten. Die Hühnerbrühe dazugießen. Zugedeckt etwa zehn Minuten bei milder Hitze kochen lassen.

3 Inzwischen Knochen und Haut vom Brustfleisch lösen, das Fleisch in fingerdicke Streifen schneiden. Zur Suppe geben und etwa zwei Minuten mitköcheln lassen.

4 Die Sahne mit dem Eigelb, der Zitronenschale und dem Zitronensaft verquirlen. In die Suppe rühren, dann nicht mehr kochen lassen. Mit Salz, Pfeffer und Zucker abschmecken.

Ca. 30 Minuten, 600 Kalorien

Dessert:

Obstteller mit Kefir

Je 2 Mandarinen und Kiwi schälen und in Scheiben schneiden. Auf zwei Tellern anrichten.
1 Becher Kefir (200 g) und je 2 Eßl. Ahornsirup darübergeben.

Curry-Hühnersuppe

1 Apfel, 1 Zwiebel, 1 Eßl. Butterschmalz, 60 g Langkornreis, 1 Teel. Curry, 3/4 l Geflügelbrühe (Instant), 1 geräucherte Hähnchenbrust, 2 Eßl. Crème double, 2 Eßl. Mandelblättchen.

1 Den Apfel schälen, entkernen und in kleine Stücke schneiden. Die Zwiebel abziehen und würfeln.
2 Butterschmalz in einem großen Topf erhitzen und die Zwiebelwürfel darin glasig dünsten.
3 Reis und Apfelstücke hinzufügen und unter Wenden eine Minute mitdünsten. Curry hinzufügen und ganz kurz schwitzen lassen. Die heiße Geflügelbrühe zugießen. 15 Minuten zugedeckt köcheln lassen.
4 Inzwischen Haut und Knochen vom Brustfleisch entfernen. Das Fleisch in Streifen schneiden und in die Suppe geben.
5 Crème double in die Suppe rühren. Die Mandeln ohne Fett in der kleinen Pfanne hellbraun rösten und über die aufgefüllte Portion verteilen.

Ca. 30 Minuten, 600 Kalorien

Grüne Suppe

500 g Spinat, 1 Stange Porree, 300 g Brokkoli, 1 Eßl. Butterschmalz, 3/4 l Geflügelbrühe (Instant), 250 g geräucherte Putenbrust, 1 Eigelb, 4 Eßl. Schlagsahne, Saft von 1/2 Zitrone.

1 Den Spinat putzen, mehrmals gründlich waschen. Den Porree in sehr feine Ringe schneiden. Brokkoli putzen, waschen und zerteilen, die Stiele schälen und in Scheiben oder Stifte schneiden.
2 Butterschmalz in einem großen Topf erhitzen und den Porree zwei Minuten darin weich dünsten. Spinat hinzufügen und im geschlossenen Topf zusammenfallen lassen.
3 Den Brokkoli dazugeben und die Brühe angießen. Alles zugedeckt zwölf Minuten köcheln lassen.
4 Inzwischen das geräucherte Putenbrustfleisch in Streifen oder Würfel schneiden. Das Eigelb mit Sahne und Zitronensaft verquirlen.
5 Die Suppe vom Herd nehmen und das verquirlte Ei einrühren. Das Fleisch darunterheben.

Ca. 30 Minuten, 580 Kalorien

Dessert: Qualle auf Sand

Nußkekse oder Sandkuchen zerkrümeln und auf zwei Dessertteller häufeln. Je 2 Eßl. Crème fraîche und saure Sahne verrühren und darübergießen. Je 1 Scheibe Ananas daraufsetzen.

Grüne Suppe

Kartoffelsuppe

300 g Kartoffeln, 1 Kohlrabi, 1 Zwiebel, 1 Eßl. Butter, 3/4 l Gemüsebrühe (Instant), 150 g saure Sahne, 1 Eigelb, Salz, frisch gemahlener Pfeffer, 200 g Tofu (Reformhaus), Dill.

1 Kartoffeln und Kohlrabi schälen und in kleine Würfel schneiden. Die Zwiebel abziehen und würfeln.
2 Butter in einem großen Topf erhitzen. Kartoffeln und Kohlrabi fünf Minuten darin dünsten.
3 Die Gemüsebrühe dazugießen. Zugedeckt zwölf Minuten köcheln lassen.
4 Die Suppe vom Herd nehmen. Sahne und Eigelb verquirlen und hineinrühren, dann nicht mehr kochen lassen. Mit Salz und Pfeffer abschmecken.
5 Tofu würfeln, Dill fein schneiden, auf die Portionen verteilen.

Ca. 30 Minuten, 430 Kalorien

Statt Tofu können Sie auch frisches Krabbenfleisch zur Suppe geben.

Dessert: Früchte-Gratin

Eine flache Gratinform mit Butter fetten. Das Fruchtfleisch von 2 Papayas in Würfel schneiden und in die Form geben. 1 kleiner Becher saure Sahne, 1 Ei und 1 Eßl. Zucker verquirlen und darübergießen. Im Backofen bei 225 Grad 20 Minuten backen. Schmeckt statt mit Papaya auch mit Rhabarber, Birnen und Äpfeln.

Fisch-Gemüse-Suppe

300 g Lengfisch, 1 Bund Suppengrün, 1 Zwiebel, 2 Knoblauchzehen, 300 g Kartoffeln, 1 Eßl. Butterschmalz, 3/4 l Gemüsebrühe (Instant), frisch gemahlener Pfeffer, Saft und abgeriebene Schale von 1/2 Zitrone, Salz, 2 Eßl. Crème fraîche, 50 g Krabben, Petersilie.

1 Den Fisch waschen und trockentupfen.
2 Das Suppengrün putzen und waschen. Zwiebel und Knoblauchzehen abziehen. Alles im Blitzhacker zerhacken. Die Kartoffeln schälen und in Würfel schneiden.
3 Butterschmalz in einem großen Topf erhitzen. Das Gemüse unter Wenden etwa fünf Minuten darin dünsten. Die Gemüsebrühe hinzufügen. Zugedeckt etwa zehn Minuten bei milder Hitze köcheln lassen.
4 Den Fisch in große Würfel schneiden und in die Gemüsesuppe geben. Pfeffer darübermahlen. Zitronensaft und abgeriebene Zitronenschale dazugeben.
5 Zugedeckt etwa sieben Minuten gar ziehen lassen, nicht kochen! Die Suppe mit Salz abschmecken.
6 Auf jede Portion je einen Löffel Crème fraîche, Krabben und Petersilienblättchen geben.

Ca. 35 Minuten, 430 Kalorien

Sauerkrautsuppe

250 g Kartoffeln, 1 Stange Porree, 3 Eßl. Öl, 250 g Sauerkraut, 3/4 l Gemüsebrühe (Instant), 200 g Kasseler-Aufschnitt, Salz, frisch gemahlener Pfeffer, 2 Eßl. Crème fraîche, 1 Teel. Meerrettich, 1 Tablett Kresse.

1 Die Kartoffeln schälen, waschen und würfeln. Das dunkle Grün von der Porreestange abschneiden. Die Stange längs halbieren und sorgfältig waschen. In Ringe schneiden.
2 Öl in einem großen Topf erhitzen und den Porree etwa drei Minuten darin weich dünsten. Kartoffeln und Sauerkraut dazugeben und eine Minute mitdünsten. Heiße Brühe dazugießen.
3 Zugedeckt etwa 25 Minuten köcheln lassen.
4 Den Kasseler-Aufschnitt in Würfel schneiden, zur Suppe geben und alles noch zwei Minuten köcheln lassen. Mit Salz und Pfeffer abschmecken.
5 Crème fraîche und Meerrettich unter die Suppe rühren. Mit Kresse bestreuen.

Ca. 40 Minuten, 590 Kalorien

Dessert:

Birne mit Edelpilzkäse

Zwei weiche reife Birnen schälen, halbieren und entkernen. 50 g Edelpilzkäse mit zwei Eßlöffeln saurer Sahne cremig rühren. Die Birnenhälften damit bestreichen.

Gemüseeintopf mit Kasseler

300 g Kartoffeln, 2 Möhren, 1 kleiner Kohlrabi, 1 Stange Porree, 1 Eßl. Butter, 300 g Kasseler, 3/4 l Gemüsebrühe (Instant), 1 Bund Petersilie, Schale und Saft von 1/2 Zitrone, Salz, frisch gemahlener Pfeffer.

1 Kartoffeln, Möhren und Kohlrabi schälen, waschen und kleinschneiden. Das dunkle Grün vom Porree entfernen. Aufgeschnitten unter fließendem kaltem Wasser sorgfältig waschen. In feine Ringe schneiden.
2 Die Butter in einem großen Topf erhitzen. Den Porree etwa zwei Minuten darin andünsten. Das übrige Gemüse hinzufügen. Kasseler obenauf legen. Die heiße Brühe angießen. Zugedeckt etwa 30 Minuten köcheln lassen.
3 Inzwischen die Petersilie waschen, trockenschleudern und hacken. Die Zitronenschale abreiben.
4 Das Fleisch herausnehmen, in Würfel schneiden, dann zurück in den Eintopf geben.
5 Zitronenschale und Petersilie darunterrühren. Mit Salz, Pfeffer und Zitronensaft abschmecken.

Ca. 45 Minuten, 685 Kalorien

„Menü 1“: Rezepte auf den nächsten Seiten.

Menüs

Wer lädt nicht gern Freunde zum Essen ein? Allzu üppig braucht ein Menü gar nicht zu sein – drei Gänge reichen. Wichtig ist die Harmonie der Speisen. Da auch Gastgeberin oder Gastgeber das Essen genießen sollen, ist die Organisation der Zubereitung besonders wichtig. Zu jedem der acht Menüs gibt es daher einen Arbeits- und Organisationsplan. Die Zutaten sind jeweils für zwei und für vier Personen angegeben.

Menü 1

Römersalat mit Lachs

Entenbrust mit roten Zwiebeln

Mango mit Kokoskrokant

Arbeitsablauf

Einige Stunden vor dem Essen

- Für den Salat das Dressing anrühren. Den Lachs in Streifen schneiden. Den Salat waschen und trockenschleudern.
- Die Entenbrust vorbereiten. Die Zwiebel abziehen und vierteln. Die übrigen Zutaten bereitstellen.
- Für das Dessert den Krokant zubereiten

zwanzig Minuten vor dem Essen

- Die Mango schneiden und auf Desserttellern anrichten.

Vor dem Servieren der einzelnen Gänge

- Vor dem 1. Gang: Das Baguette für den Salat aufbacken. Den Salat mit dem Dressing vermischen. Salat und Lachs auf Portionsteller verteilen.
- Vor dem 2. Gang: Die Entenbrustfilets in die Pfanne geben, während die Vorspeise gegessen wird. Den Küchenwecker auf 10 Minuten stellen. Danach wenden und noch 6 Minuten weiterbraten. Die Teller bei 50 Grad im Backofen vorwärmen. Die Entenbrust tranchieren und mit Zwiebeln und Soße anrichten.
- Vor dem 3. Gang: Die Mango vorm Servieren mit Likör beträufeln und mit Krokant bestreuen.

1. Gang

Römersalat mit Lachs

für zwei: 1 Staude Römersalat, 100 g Graved Lachs; Dressing: 1/2 Knoblauchzehe, 1 Messerspitze Zitronenschale, 1 Teel. Zitronensaft, 1 Eigelb, etwas Tomatenmark und Senf, 1 Prise Zucker, Salz, Pfeffer, 2 Spritzer Worcestersoße, 4 Eßl. kaltgepreßtes Olivenöl.

für vier: 2 Stauden Römersalat, 200 g Graved Lachs; Dressing: 1 Knoblauchzehe, abgeriebene Schale und Saft von 1/2 Zitrone (unbehandelt), 1 Eigelb, 1/2 Teel. Tomatenmark, 1 Teel. Senf, 1/2 Teel. Zucker, Salz, Pfeffer, 1/2 Teel. Worcestersoße, 8 Eßl. kaltgepreßtes Olivenöl.

1 Dressing: Den Knoblauch zerdrücken. Mit Zitronenschale und -saft, Eigelb, Tomatenmark, Senf, Zucker, Salz, Pfeffer und Worcestersoße verrühren. Das Öl tropfenweise einrühren.
2 Den Salat verlesen, waschen und trockenschleudern. Die Blätter in Streifen schneiden.
3 Den Lachs in Streifen schneiden.
4 Zum Servieren den Salat mit dem Dressing mischen. Auf Portionstellern anrichten, den Lachs darüber verteilen.

Dazu: **geröstetes Baguette**

2. Gang

Entenbrust mit roten Zwiebeln

für zwei: 2 kleine Entenbrustfilets (etwa 400 g), Salz, frisch gemahlener Pfeffer, 1 rote Zwiebel, 1 Teel. Butter, 1 Teel. Balsamessig, 1/4 Glas Johannisbeersaft (ungesüßt), 1/4 Teel. Fleischextrakt.

für vier: 3 große Entenbrustfilets (etwa 900 g), Salz, frisch gemahlener Pfeffer, 3 rote Zwiebeln, 1 Eßl. Butter, 1 Eßl. Balsamessig, 1/2 Glas Johannisbeersaft (ungesüßt), 1/2 Teel. Fleischextrakt.

1 Die Entenhaut rhombenförmig einschneiden. Mit Salz und Pfeffer einreiben. Die Zwiebeln vierteln und die Schichten voneinander lösen.
2 Eine Pfanne wählen, in die das Fleisch gerade hineinpaßt. Die Entenbrust mit der Hautseite nach unten hineinlegen. Etwa zehn Minuten bei mittlerer Hitze braten.
3 Die Entenbrüste wenden und etwa sechs Minuten weiterbraten.
4 Das Fleisch aus der Pfanne nehmen und abgedeckt warm stellen, das Fett vollkommen abgießen.
5 Für die Soße die Butter in der Pfanne aufschäumen lassen. Die Zwiebeln unter Wenden schnell anbraten, sie sollen nicht braun werden. Mit Balsamessig ablöschen, Johannisbeersaft zugießen. Offen etwas einkochen lassen. Mit Fleischextrakt, Salz und Pfeffer abschmecken.
6 Zum Servieren die Entenbrüste schräg in dünne Scheiben schneiden.

3. Gang

Mango mit Kokoskrokant

für zwei: 1 weiche Mangofrucht, 1 Teel. Butter, 1 Eßl. Zucker, 2 Eßl. Kokosraspel, 2 cl Orangenlikör.

für vier: 2 weiche Mangofrüchte, 1 gehäufter Teel. Butter, 1 1/2 Eßl. Zucker, 4 Eßl. Kokosraspel, 4 cl Orangenlikör.

1 Die Mangofrüchte dünn schälen. Das Fruchtfleisch um den Kern herum in dünnen Scheiben abschneiden.
2 Das Fruchtfleisch fächerförmig auf Portionstellern anrichten.
3 Für den Krokant Butter in einer Pfanne erhitzen. Den Zucker gleichmäßig darüberstreuen. Warten, bis er flüssig und hellbraun ist. Dann sofort die Kokosflocken darüberstreuen. Unter häufigem Wenden schnell braun rösten.
4 Zum Servieren Orangenlikör und Kokoskrokant über die Mango geben.

Menü 2

Kalte Paprikasuppe

Gemüse-Lammtopf

Rote Grütze mit Joghurt-Soße

Arbeitsablauf

Am Tag vorher

- Die Suppe zubereiten.
- Die rote Grütze kochen.

Zwei Stunden vor dem Essen

- Den Gemüse-Lammtopf vorbereiten.
- Die Petersilie waschen, mit der Zitronenschale zusammen hacken. Zudecken.

Eine Stunde vor dem Essen

- Den Gemüse-Lammtopf zum Schmoren aufsetzen.
- Die Paprikasuppe würzen und verfeinern.
- Die Joghurt-Soße für die Rote Grütze zubereiten.

Vor dem Servieren der einzelnen Gänge

- Vor dem 1. Gang: Die Suppe auffüllen und mit Basilikumblättern garnieren. Die Teller bei 50 Grad im Backofen vorwärmen.
- Vor dem 2. Gang: Crème fraîche und Zitronensaft zum Lammtopf geben, mit Salz abschmecken und die Petersilie darüberstreuen.
- Vor dem 3. Gang: Rote Grütze und Joghurt-Soße auf den Tisch stellen. Jeder nimmt sich selbst.

1. Gang

Kalte Paprikasuppe

für zwei: 1 große rote Paprikaschote, 1 Zwiebel, 2 Eßl. Öl, 1/4 l Hühnerbrühe (Instant), 5 Eßl. Schlagsahne, 2 Eßl. Balsamessig oder Zitronensaft, Salz, Cayennepfeffer, frischer Basilikum.

für vier: 3 rote Paprikaschoten, 2 kleine Zwiebeln, 3 Eßl Öl, 3/4 l Hühnerbrühe (Instant), 1/8 l Schlagsahne, 3 Eßl. Balsam-Essig oder Zitronensaft, Salz, Cayenne-Pfeffer, frischer Basilikum.

1 Die Paprikaschote putzen und kleinschneiden. Die Zwiebel abziehen und hacken.

2 Öl im Topf erhitzen; die Paprikaschote und die Zwiebel etwa fünf Minuten darin weich dünsten, nicht bräunen.

3 Die Brühe zugießen und zugedeckt etwa fünf Minuten köcheln lassen.

4 Die Sahne zufügen und aufkochen lassen. Alles im Mixer fein pürieren (oder durch ein Sieb passieren).

5 Die Suppe mit Balsamessig oder Zitronensaft, Salz und Pfeffer würzen und abschmecken.

6 Zum Servieren mit Basilikumblättchen garnieren.

2. Gang

Gemüse-Lammtopf

für zwei: 650 g Lammfleisch (Keule), 1 Kohlrabi, 3 junge Möhren, 3 Kartofeln, 1 Zwiebel, 1/2 Eßl. Butterschmalz, Salz, frisch gemahlener Pfeffer, 1/8 l Geflügelbrühe (Instant), 1/2 Bund glatte Petersilie, Saft von 1/2 Zitrone und etwas Schale, 2 Eßl. Crème fraîche.

für vier: 1,2 kg Lammfleisch (Keule), 2 Kohlrabi, 500 g Möhren, 6 Kartoffeln, 2 Zwiebeln, 1 1/2 Eßl. Butterschmalz, Salz, frisch gemahlener Pfeffer, 1/4 l Geflügelbrühe (Instant), 1 Bund glatte Petersilie, Saft von 1 Zitrone und etwas Schale, 1 Becher Crème fraîche (150 g).

1 Das Fleisch würfeln. Das Fett entfernen.
2 Das Gemüse in Stifte schneiden. Die Zwiebel würfeln.
3 Butterschmalz im Topf erhitzen. Das Fleisch hineingeben und kurz rundherum anbraten. Die Zwiebelwürfel hinzufügen und eine Minute unter Wenden andünsten. Leicht salzen und pfeffern.
4 Die Brühe zugießen. Zugedeckt 25 Minuten schmoren.
5 Das Gemüse zum Fleisch geben. Zugedeckt 25 Minuten weiterschmoren lassen. Petersilie und Zitronenschale fein hacken.
6 Crème fraîche und Zitronensaft zum Lammtopf geben.
7 Zum Servieren die Petersilie unterheben.

3. Gang

Rote Grütze mit Joghurt-Soße

Es lohnt sich nicht, eine Packung Tiefkühlbeeren zu halbieren. Deshalb steht hier nur die Menge für vier. Rote Grütze hält sich im Kühlschrank einige Tage frisch.

für vier: 1/2 l Apfelsaft, 3 Eßl. Zucker, 1 1/2 Eßl. Speisestärke, 1 Packung TK-Beeren-Cocktail (300 g), 1 Becher Joghurt, 2 Päckchen Vanillezucker, 2 Eßl. Ahornsirup, 1/2 Becher Schmand (100 g).

1 Den Apfelsaft mit Zucker aufkochen. Mit Wasser angerührte Speisestärke untermischen. So lange rühren, bis sie „klar" ist.
2 Die Beeren unterrühren. Die Grütze wird sofort fest.
3 Für die Soße Joghurt, Vanillezucker und Ahornsirup verrühren. Schmand darunterheben.

Menü 3

Zucchini-Quiche

Lachs in Folie

Melone mit Quarkschaum

Arbeitsablauf

Einige Stunden vor dem Essen

- Die Zucchini-Quiche bis einschließlich 3 zubereiten.
- Alle Zutaten für das Hauptgericht bereitstellen. Die Lauchzwiebeln schneiden, die Petersilie waschen und hacken. Die Fischkoteletts waschen und trockentupfen.
- Das Melonenfleisch in Stücke schneiden. Den Quarkschaum anrühren. Beides abgedeckt kalt stellen.

Eine halbe Stunde vor dem Essen

- Zucchini und Ei mischen und in die Form füllen. In den Backofen schieben. Den Küchenwecker einstellen.
- Lachskoteletts wie beschrieben in Folie setzen.

Vor dem Servieren der einzelnen Gänge

- Vor dem 1. Gang: Die Quiche in Stücke schneiden und auf Teller geben.
- Vor dem 2. Gang: Während die Vorspeise gegessen wird, backen die Lachskoteletts im Ofen. Nach der Garzeit die Lachs-Päckchen auf Teller setzen.
- Vor dem 3. Gang: Das Dessert auf Tellern anrichten.

1. Gang

Zucchini-Quiche

für zwei: 2 kleine feste Zucchini, 150 g braune Champignons, 2 Lauchzwiebeln, 1 Knoblauchzehe, 1/2 Eßl. Butterschmalz, Salz, frisch gemahlener Pfeffer, 2 Eier, 50 g geriebener Emmentaler Käse, Oregano, Cayennepfeffer, Butter für die Form, 1 Eßl. Mandelblättchen.

für vier: 4 kleine feste Zucchini (300 g), 250 g braune Champignons, 1 Bund Lauchzwiebeln, 1 Knoblauchzehe, 1 1/2 Eßl. Butterschmalz, Salz, frisch gemahlener Pfeffer, 4 Eier, 100 g geriebener Emmentaler Käse, Oregano, Cayennepfeffer, Butter für die Form, 2 Eßl. Mandelblättchen.

1 Zucchini in kleine Würfel schneiden. Champignons in Scheiben schneiden. Lauchzwiebeln in Ringe schneiden. Die Knoblauchzehe abziehen. Den Backofen auf 200 Grad vorheizen.

2 Butterschmalz in der großen Pfanne erhitzen. Zucchini, Champignons und Zwiebeln hineingeben. Knoblauch darüberpressen. Unter Wenden fünf Minuten weich dünsten. Würzen.

3 Inzwischen Eier, Käse, Oregano, Cayennepfeffer und Salz verrühren.

4 Eine Quicheform (für zwei 18 cm, für vier 24 cm Durchmesser) mit Butter einfetten. Das gedünstete Gemüse mit den verschlagenen Eiern vermischen. In die Form füllen. Mit Mandelblättchen bestreuen und 20 Minuten backen.

2. Gang

Lachs in Folie

für zwei: 2 Lachskoteletts (à 200 g), Salz, frisch gemahlener Pfeffer, 2 Lauchzwiebeln, Schale von 1/4 Zitrone, 1/2 Bund glatte Petersilie, 2 Teel. Butter, 2 Eßl. trockener Sherry.

für vier: 4 Lachskoteletts (à 200 g), Salz, frisch gemahlener Pfeffer, 1 Bund Lauchzwiebeln, Schale von 1/2 Zitrone, 1 Bund glatte Petersilie, 4 Teel. Butter, 4 Eßl. trockener Sherry.

1 Die Fischkoteletts salzen und pfeffern.
2 Die Lauchzwiebeln in dünne Scheiben schneiden. Die Zitrone dünn abschälen. Die Schale mit der Petersilie fein hacken. Den Backofen auf 250 Grad vorheizen.
3 Auf zwei (oder vier) Bogen Alufolie die Hälfte der Zwiebeln und Petersilienmischung verteilen. Die Fischstücke darauflegen. Die restlichen Zwiebeln und Petersilienmischung, je einen Teelöffel Butter und einen Eßlöffel Sherry auf die Koteletts geben.
4 Die Folien zu einem lockeren Päckchen schließen und auf den Backofenrost setzen. 15 Minuten backen.
5 Den Lachs in der Folie auf Tellern servieren.

3. Gang

Melone mit Quarkschaum

für zwei: 1 Melone (z. B. Cantaloup oder Ogenmelone), 125 g Speisequark (20 %), 2 Eßl. Sahne, 1 Eßl. Zitronensaft, 2 Eßl. Ahornsirup, frische Minzeblätter.

für vier: 2 Melonen (z. B. Cantaloup oder Ogenmelonen), 250 g Speisequark (20 %), 1/2 Tasse Sahne, 2 Eßl. Zitronensaft, 4 Eßl. Ahornsirup, frische Minzeblätter.

1 Die Melone in Spalten schneiden, entkernen und schälen. In mundgerechte Stücke schneiden. Bis zum Servieren kalt stellen.
2 Den Quark mit Sahne, Zitronensaft und Ahornsirup schaumig rühren.
3 Zum Servieren die Melone auf Dessertschalen verteilen und den Quarkschaum darüberfüllen. Mit Minzeblättchen garnieren.

Menü 4

Marinierte Hummerkrabben

Geschmorte Kalbshaxe

Erdbeeren in Karamelsahne

Arbeitsablauf

Einige Stunden vor dem Essen

- Die Hummerkrabben auftauen.

Zwei Stunden vor dem Essen

- Die Hummerkrabben gar ziehen.
- Für den Hauptgang das Gemüse vorbereiten und abdecken. Die Petersilie und die Orangenschale hacken und abdecken. Den Orangensaft auspressen.
- Die Hummerkrabben schälen und halbieren, abdecken. Die Marinade anrühren.
- Für das Dessert Erdbeeren putzen, die Karamelsahne zubereiten.

45 Minuten vor dem Essen

- Das Fleisch anbraten und fertigmachen. 1 1/2 Stunden schmoren. Den Küchenwecker stellen.

Vor dem Servieren der einzelnen Gänge

- Vor dem 1. Gang: Die Hummerkrabben und den Salat marinieren und anrichten. Basilikum darüberschneiden.
- Vor dem 2. Gang: Den Schmorsud abschmecken, anrichten und das Petersiliengemisch darüberstreuen.
- Vor dem 3. Gang: Die Erdbeeren in Dessertschälchen füllen, die Karamelsahne darüber verteilen und mit Pistazien bestreuen.

1. Gang

Marinierte Hummerkrabben

für zwei: 6 tiefgekühlte, rohe Hummerkrabben, Salz, 1 Kopfsalat, 1/2 Schalotte, 1 Eßl. Weinessig, 1 Prise Zucker, 3 Eßl. Olivenöl, frische Basilikumblätter.

für vier: 12 tiefgekühlte, rohe Hummerkrabben, Salz, 2 Kopfsalate, 1 kleine Schalotte, 3 Eßl. Weinessig, 1 Prise Zucker, 6 Eßl. Olivenöl, frische Basilikumblätter.

1 Die Hummerkrabben auftauen lassen. In kochendes Salzwasser geben und zwei Minuten darin ziehen lassen. Abkühlen lassen und schälen. Den Darm entfernen und die Krabben längs halbieren.
2 Vom Salat die zartgrünen Herzblätter lösen, waschen und trockenschleudern. In feine Streifen schneiden.
3 Die Schalotte durch die Knoblauchpresse drücken und mit Weinessig und je einer Prise Salz und Zucker verrühren. Das Olivenöl darunterschlagen.
4 Zum Servieren die Hummerkrabben durch die Marinade ziehen. Den Salat mit dem Rest der Marinade vermischen und auf Teller verteilen. Die Hummerkrabben darauf anrichten und Basilikumblätter mit der Schere in Streifen darüberschneiden.

2. Gang

Geschmorte Kalbshaxe

für zwei: 1/2 Bund Suppengrün, 1 Schalotte, 1 Knoblauchzehe, 500 g Kalbshaxe in 2 cm dicken Scheiben, frisch gemahlener Pfeffer, Salz, Mehl, 1 Eßl. Butterschmalz, etwas Schale und den Saft von 1 Orange, 1/2 Tasse Rinderbrühe (Instant), 1/2 Bund glatte Petersilie, Salz.

für vier: 1 Bund Suppengrün, 2 Schalotten, 1 Knoblauchzehe, 1 kg Kalbshaxe in 2 cm dicken Scheiben, frisch gemahlener Pfeffer, Salz, Mehl, 1 1/2 Eßl. Butterschmalz, Schale von 1/2 und den Saft von 1 Orange, 1/2 Tasse Rinderbrühe (Instant), 1 Bund glatte Petersilie, Salz.

1 Das Gemüse in kleine Würfel schneiden. Schalotten und Knoblauch hacken.
2 Die Beinscheiben pfeffern, salzen und mit Mehl bestäuben.
3 Butterschmalz in der kleinen oder großen Pfanne erhitzen. Das Fleisch von beiden Seiten kurz anbraten. Herausnehmen. Schalotte, Knoblauch und Gemüse in dem Bratfett etwa vier Minuten unter Wenden dünsten.
4 Mit Orangensaft und Brühe ablöschen. Das Fleisch zurück in die Pfanne zum Gemüse geben. Die Pfanne gut schließen und alles eine Stunde und 30 Minuten schmoren lassen.
5 Petersilie und Orangenschale fein hacken. Den Schmorsud mit Salz abschmecken.
6 Zum Servieren Fleisch und Gemüse auf Tellern anrichten, mit dem Petersiliengemisch bestreuen.

3. Gang

Erdbeeren mit Karamelsahne

für zwei: 500 g Erdbeeren, 1 Eßl. Zitronensaft, 1 Teel. Butter, 1 Eßl. Zucker, 1/2 Tasse Sahne, 2 Eßl. Mandellikör, 1 Eßl. gehackte Pistazien.

für vier: 1 kg Erdbeeren, 3 Eßl. Zitronensaft, 1 Teel. Butter, 2 Eßl. Zucker, 1/8 l Sahne, 4 Eßl. Mandellikör, 1 Beutel gehackte Pistazien.

1 Die Erdbeeren waschen, entstielen, in Scheiben schneiden und mit Zitronensaft beträufeln.
2 Die Butter in einem Topf schmelzen. Den Zucker hinzufügen und unter Rühren goldgelb karamelisieren lassen.
3 Sofort mit der Sahne ablöschen und dabei gut verschlagen.
4 Die Soße bis zum Servieren abkühlen lassen. Mit Mandellikör würzen.
5 Zum Servieren die Erdbeeren auf Desserttellern verteilen und mit der Karamelsahne überziehen. Mit Pistazien bestreuen.

Menü 5

Paprikasalat

Hähnchenfilet mit Gemüsehaube

Eis im grünen Nest

Arbeitsablauf

Einige Stunden vor dem Essen

- Den Salat zubereiten.
- Alle Zutaten für das Hauptgericht bereitstellen. Das Gemüse putzen und kleinschneiden und die Form fetten.
- Den Orangensirup für das Dessert kochen.

Eine Stunde vor dem Essen

- Für das Dessert Apfel und Avocado zubereiten und zugedeckt kühl stellen.
- Das Hauptgericht zubereiten. Wenn Sie die Vorspeise servieren, sollte es schon seit 30 Minuten im Backofen garen. Den Küchenwecker stellen.

Vor dem Servieren der einzelnen Gänge

- Vor dem 1. Gang: Baguette kurz im Ofen aufbacken. Den Salat mit Petersilie garnieren.
- Vor dem 2. Gang: Zehn Minuten nach Servieren des Salates das Hähnchenfilet herausnehmen und mit Schnittlauch bestreuen.
- Vor dem 3. Gang: Das Dessert kurz vor dem Servieren aus den vorbereiteten Zutaten anrichten.

1. Gang

Paprikasalat

für zwei: 1 große rote Paprikaschote, 10 schwarze Oliven, frisch gemahlener Pfeffer, 3 Eßl. Olivenöl (kaltgepreßt), 50 g Schafkäse, glatte Petersilie.

für vier: 3 rote Paprikaschoten, 20 schwarze Oliven, frisch gemahlener Pfeffer, 5 Eßl. Olivenöl (kaltgepreßt), 150 g Schafkäse, glatte Petersilie.

1 Die Paprikaschoten mit dem Sparschäler schälen, halbieren, entkernen und in sehr feine Streifen schneiden. Die Oliven entsteinen (mit dem Dorn der Knoblauchpresse).
2 Paprika und Oliven mischen. Mit Pfeffer würzen und Olivenöl darüberträufeln.
3 Auf Portionsteller füllen. Den Schafkäse fein darüberraffeln oder bei der kleinen Menge für zwei durch ein Sieb streichen.
4 Zum Servieren mit abgezupften Petersilienblättchen garnieren.

Dazu: **Baguette**

2. Gang

Hähnchenfilet mit Gemüsehaube

für zwei: 200 g braune Champignons, 1 Bund Lauchzwiebeln, 2 Hähnchenfilets (à 150 g), Salz, frisch gemahlener Pfeffer, 1 Eßl. Butter, 1/2 Tasse Geflügelbrühe (Instant), 1/8 l Schlagsahne, Schnittlauch.

für vier: 400 g braune Champignons, 2 Bund Lauchzwiebeln, 4 Hähnchenfilets (à 150 g), Salz, frisch gemahlener Pfeffer, 2 Eßl. Butter, 1/8 l Geflügelbrühe (Instant), 200 ml Schlagsahne, Schnittlauch.

1 Die Champignons in Scheiben, Lauchzwiebeln in Ringe schneiden.
2 Die Filets mit Salz und Pfeffer würzen. Zwei kleine (für zwei) oder eine große, flache Gratinform buttern.
3 In einer Pfanne die Hälfte der Butter erhitzen und die Champignons unter Wenden braten, bis die gesamte Flüssigkeit verdampft ist. Leicht salzen, pfeffern und in die Form füllen.
4 In der restlichen Butter die Zwiebeln weich dünsten.
5 Die Filets auf die Champignons legen. Die Lauchzwiebeln darüber verteilen.
6 Die Brühe in die Pfanne gießen und etwas einkochen. Die Sahne dazugeben und weiter einkochen. Anschließend in die Form gießen.
7 Auf dem Rost in den Backofen schieben – mittlere Schiene. Bei 200 Grad 40 Minuten backen.
8 Zum Servieren den Schnittlauch mit der Schere darüberschneiden.

3. Gang

Eis im grünen Nest

für zwei: Saft von 1 Orange, 1 Teel. Puderzucker, 2 Eßl. Orangenlikör, 2 Eßl. Zitronensaft, 1 kleiner Apfel, 1 kleine Avocado, 2 Kugeln Vanilleeis.

für vier: Saft von 2 Orangen, 1 Eßl. Puderzucker, 4 Eßl. Orangenlikör, 4 Eßl. Zitronensaft, 1 großer Apfel, 1 Avocado, 4 Kugeln Vanilleeis.

1 Den Orangensaft mit Puderzucker offen zu einem Sirup einkochen. Vom Herd nehmen und abkühlen lassen. Den Orangenlikör darunterrühren.
2 Den Zitronensaft in eine Schüssel geben. Den Apfel schälen und grob in die Schüssel raffeln. Die Avocado schälen, entkernen und ebenfalls grob raffeln. Beides sofort mit dem Zitronensaft vermischen.
3 Zum Servieren Apfel-Avocado auf Dessertteller füllen. In die Mitte eine Mulde drücken und je eine Kugel Eis hineinsetzen. Den Orangensirup über das Eis träufeln.

Menü 6

Forellenfilet im Salat

Tagliatelle mit Roastbeef

Birnen überbacken

Arbeitsablauf

Zwei Stunden vor dem Essen

- Für das Dessert die Birnen dünsten und in die Form legen. Den Sud einkochen und abkühlen lassen.
- Für das Nudelgericht die Soße zubereiten und das Roastbeef in Streifen schneiden – noch nicht in die Soße geben! Alles übrige bereitstellen.
- Die Vinaigrette für den Salat anrühren. Den Salat waschen und trockenschleudern. Die übrigen Zutaten für den Salat bereitstellen.

Vor dem Servieren der einzelnen Gänge

- Vor dem 1. Gang: Die Forellenfilets erwärmen, den Salat mit der Vinaigrette mischen, mit Crème fraîche und Kresse anrichten.
- Vor dem 2. Gang: Die Nudeln kochen und währenddessen das Roastbeef in der Soße erhitzen. Knoblauch und Petersilie dazugeben. Die abgetropften Nudeln mit der Soße vermischen.
- Vor dem 3. Gang: Das Dessert zubereiten.

1. Gang

Forellenfilet im Salat

für zwei: 1 Eßl. Weinessig, 2 Eßl. Nußöl, 1/2 Schalotte, 1 Messerspitze Senf, Salz, frisch gemahlener Pfeffer, 1 kleiner Radicchio, 50 g Feldsalat, 2 geräucherte Forellenfilets, 2 Teel. Meerrettich-Crème fraîche, 1/2 Tablett Kresse.

für vier: 2 Eßl. Weinessig, 2 Eßl. Nußöl, 1 Schalotte, 1/2 Teel. Senf, Salz, frisch gemahlener Pfeffer, 1 Radicchio, 100 g Feldsalat, 4 geräucherte Forellenfilets, 1/2 Becher Meerrettich-Crème fraîche, 1 Tablett Kresse.

1 Essig, Öl, zerdrückte Schalotte, Senf, Salz und Pfeffer verrühren.

2 Den Salat putzen, waschen und trockenschleudern. Die Radicchioblätter in Streifen schneiden.

3 Die Forellenfilets bei 50 Grad fünf Minuten im Backofen erwärmen.

4 Zum Servieren den Salat mit der Vinaigrette vermischen und auf Portionstellern verteilen. Je ein Forellenfilet daraufsetzen. Mit Crème fraîche und Kressebüschel garnieren.

2. Gang

Tagliatelle mit Roastbeef

für zwei: 2 Schalotten, 1 Knoblauchzehe, 1 Bund glatte Petersilie, 150 g Roastbeef (Aufschnitt), 1 Teel. Butter, 1/2 Glas Weißwein, 1 Teel. eingelegter grüner Pfeffer, 1/8 l Schlagsahne, Salz, 200 g Tagliatelle, Parmesankäse.

für vier: 4 Schalotten, 2 Knoblauchzehen, 1 Bund glatte Petersilie, 250 g Roastbeef (Aufschnitt), 1 Eßl. Butter, 1 Glas Weißwein, 1 Eßl. eingelegter grüner Pfeffer, 1/4 l Schlagsahne, Salz, 500 g Tagliatelle, Parmesankäse.

1 Die Schalotten und Knoblauch abziehen. Schalotten hacken. Die Petersilie waschen, trockenschleudern und fein hacken. Das Roastbeef in feine Streifen schneiden.
2 Die Schalotten in Butter glasig dünsten. Mit Wein ablöschen und offen bis auf einen kleinen Rest einkochen. Abgetropfte Pfefferkörner mit dem Messerrücken zerquetschen und hinzufügen. Die Sahne zugießen und einmal aufkochen lassen.
3 Die Nudeln in kochendes Salzwasser schütten und etwa fünf Minuten sprudelnd kochen.
4 Das Fleisch in die Sahne geben, langsam erhitzen. Die Soße mit Salz abschmecken. Knoblauch darüberpressen, Petersilie dazugeben.
5 Zum Servieren die abgetropften Nudeln mit der Soße vermischen und auf vorgewärmte tiefe Teller füllen. Dazu geriebenen Parmesankäse reichen.

3. Gang

Birnen überbacken

für zwei: 2 kleine Birnen, 1/2 Glas Weißwein, 1 Eßl. Honig, 2 Eßl. Zitronensaft, Butter für die Form, 1 Ei, 2 Eßl. gehackte Mandeln.

für vier: 4 kleine Birnen, 1 Glas Weißwein, 1 Eßl. Honig, 4 Eßl. Zitronensaft, Butter für die Form, 1 Ei, 4 Eßl. gehackte Mandeln.

1 Die Birnen hauchdünn schälen, halbieren und das Kerngehäuse entfernen.
2 Wein, Honig und Zitronensaft im Topf erhitzen. Die Birnenhälften bei milder Hitze etwa fünf Minuten darin dünsten.
3 Die Birnen nebeneinander mit der Rundung nach unten in eine gefettete Gratinform setzen. Den Sud offen einkochen, bis er sirupartig ist.
4 Den Sirup etwas abkühlen lassen, dann mit Ei und Mandeln verrühren.
5 Zum Servieren die Mandeln über die Birnenhälften verteilen. Bei starker Hitze oder unterm vorgeheizten Grill überbacken.

Menü 7

Gebackene Tomaten

Geschmorte Kaninchenkeulen

Rotweinfrüchte mit Sahne

Arbeitsablauf

Am Tag vor dem Essen

- Das Dörrobst in Rotwein kochen.

Zwei Stunden vor dem Essen

- Die Tomaten-Vorspeise fertigmachen und backen. Abkühlen lassen.
- Das Suppengemüse fertigmachen, Zwiebel und Knoblauch abziehen. Die Kaninchenkeulen anbraten und bis zum Schmoren fertigmachen. Eineinhalb Stunden vor Beginn des Menüs zum Schmoren aufsetzen, wie im Rezept beschrieben. Den Küchenwecker stellen.
- Die Sahne steif schlagen und kalt stellen.

Vor dem Servieren der einzelnen Gänge

- Vor dem 1. Gang: Das Baguette aufbacken. Die Tomaten mit Olivenöl beträufeln.
- Vor dem 2. Gang: Das geschmorte Kaninchen fertig zubereiten. Die Teller bei 50 Grad im Backofen vorwärmen.
- Vor dem 3. Gang: Für das Dessert Sahne, Früchte und Sirup anrichten und mit Pistazien bestreuen.

1. Gang

Gebackene Tomaten

für zwei: 2 Fleischtomaten, Öl für die Form, 1 Eßl. gehackte Walnüsse, 1 Knoblauchzehe, Salz, frisch gemahlener Pfeffer, 1 Teel. getrockneter Oregano, 2 Eßl. frisch geriebener Parmesankäse, 3 Eßl. Olivenöl (kaltgepreßt).

für vier: 4 Fleischtomaten, Öl für die Form, 2 Eßl. gehackte Walnüsse, 2 Knoblauchzehen, Salz, frisch gemahlener Pfeffer, 2 Teel. getrockneter Oregano, 4 Eßl. frisch geriebener Parmesankäse, 6 Eßl. Olivenöl (kaltgepreßt).

1 Die Tomaten waschen und die Stielansätze herausschneiden. In dicke Scheiben schneiden.
2 Für zwei Personen zwei kleine Gratinformen, für vier eine große Gratinform mit Öl fetten. Die Tomatenscheiben in die Form legen. Den Backofen auf 225 Grad vorheizen.
3 Gehackte Walnüsse, zerdrückten Knoblauch, Salz, Pfeffer, Oregano und geriebenen Parmesankäse vermischen. Über die Tomatenscheiben verteilen.
4 Die Form auf mittlerer Schiene in den Backofen schieben. 15 Minuten backen.
5 Zum Servieren die Tomatenscheiben auf Teller verteilen, mit Olivenöl beträufeln.

Dazu: **geröstetes Baguette**

2. Gang

Geschmorte Kaninchenkeulen

für zwei: 1 Bund Suppengrün, 1 Zwiebel, 1 Knoblauchzehe, 2 Kaninchenkeulen, Salz, Cayennepfeffer, 1 Teel. Mehl, 1 Eßl. Butterschmalz, 1 Teel. Curry, 1/8 l trockener Wermut, 1 Eßl. Senf, 2 Eßl. Schmand.

für vier: 1 Bund Suppengrün, 2 Zwiebeln, 2 Knoblauchzehen, 4 Kaninchenkeulen, Salz, Cayennepfeffer, 1 Eßl. Mehl, 1 1/2 Eßl. Butterschmalz, 1 1/2 Teel. Curry, 1/4 l trockener Wermut, 2 Eßl. Senf, 1 Becher Schmand (200 g).

1 Das Suppengemüse putzen und kleinschneiden. Zwiebel und Knoblauchzehe abziehen. Zwiebel würfeln, Knoblauch hacken.
2 Die Kaninchenkeulen waschen, trokkentupfen und mit Salz und Cayennepfeffer einreiben. Mit Mehl bestäuben.
3 Butterschmalz in der Pfanne erhitzen und die Keulen darin goldbraun braten. Die Hitze reduzieren.
4 Das Gemüse, Zwiebelwürfel und Knoblauch dazugeben und einige Minuten mitschmoren. Curry darüberstäuben. Den Wermut zugießen. Einmal aufkochen lassen und zugedeckt auf kleinster Hitze eineinhalb Stunden schmoren.
5 Zum Servieren die Keulen herausnehmen und auf vorgewärmten Tellern anrichten. Senf und Schmand verrühren und in dem Schmorsud schwenken. Mit Salz und Pfeffer abschmecken und die Keulen mit dem Gemüse anrichten.

3. Gang

Rotweinfrüchte mit Sahne

für zwe:i 100 g Dörrbirnen, 100 g Dörrpflaumen (ohne Stein), 1/8 l Rotwein, 1/8 l Schlagsahne, 1 Eßl. gehackte Pistazien.

für vier: 200 g Dörrbirnen, 200 g Dörrpflaumen (ohne Stein), 1/4 l Rotwein, 1/4 l Schlagsahne, 2 Eßl. gehackte Pistazien.

1 Birnen und Pflaumen mit dem Rotwein in einen Topf geben. Zugedeckt etwa eine Stunde köcheln lassen.
2 Die Früchte herausnehmen und abtropfen lassen. Den Sud eventuell noch etwas einkochen lassen. Beides abkühlen lassen.
3 Zum Servieren die Sahne steif schlagen. Sahne und Früchte auf Dessertteller verteilen. Den Fruchtsirup über die Sahne träufeln, mit gehackten Pistazien bestreuen.

Menü 8

Kaviar-Kartoffeln

**Chateaubriand
mit Steinpilzsahne**

Apfel-Karamel

Arbeitsablauf:

Am Tag vor dem Essen

- Die Äpfel für das Dessert dünsten.

Eine Stunde vor dem Essen

- Die Kartoffeln waschen.
- Das Chateaubriand nach Rezept zubereiten (bis 3).

30 Minuten vor dem Essen

- die Kartoffeln zum Kochen aufsetzen.

Vor dem Servieren der einzelnen Gänge

- Vor dem 1. Gang: Die heißen Kartoffeln halbieren und mit Schmand, Kaviar und Basilikum anrichten.
- Vor dem 2. Gang: Das Brot aufbacken, die Teller vorwärmen. Die Steinpilzsoße nach Rezept fertigstellen, das Fleisch tranchieren. Auf Portionstellern anrichten.
- Vor dem 3. Gang: Äpfel und Schmand auf Dessertteller verteilen. Nußkrokant zubereiten.

1. Gang

Kaviar-Kartoffeln

für zwei: 3 mittelgroße ovale Kartoffeln, 1 Teel. Kümmel, Salz, 1/2 Becher Schmand, 100 g Lachskaviar (gut gekühlt), Basilikumblätter.

für vier: 6 mittelgroße ovale Kartoffeln, 1 Teel. Kümmel, Salz, 1 Becher Schmand, 200 g Lachskaviar (gut gekühlt), Basilikumblätter.

1 Die Kartoffeln in Wasser mit dem Kümmel etwa 25 Minuten kochen. Die Schale abziehen. (Bei neuen Kartoffeln die Schale vor dem Kochen gründlich bürsten, dann brauchen sie nicht gepellt zu werden.)

2 Zum Servieren die heißen Kartoffeln längs halbieren und je drei Hälften auf Portionsteller legen. Einen Teelöffel Schmand und etwas Kaviar auf die Schnittflächen verteilen. Mit Basilikumblättchen garnieren.

2. Gang

Chateaubriand mit Steinpilzsahne

für zwei: 30 g getrocknete Steinpilze, 100 g Schalotten, 1 Chateaubriand (400 g oh. Knochen), frisch gemahlener Pfeffer, 1 Eßl. Butterschmalz, 100 ml Schlagsahne, 1 cl Cognac, Salz.

für vier: 50 g getrocknete Steinpilze, 200 g Schalotten, 2 Scheiben Chateaubriand (800 g o. Knochen), frisch gemahlener Pfeffer, 1 Eßl. Butterschmalz, 150 ml Schlagsahne, 2 cl Cognac, Salz.

1 Die Steinpilze mit gut einem Achtelliter heißem Wasser übergießen und 15 Minuten quellen lassen. Die Schalotten abziehen und vierteln.

2 Das Fleisch mit Küchenkrepp trockentupfen und pfeffern.

3 Butterschmalz in der großen Pfanne erhitzen. Das Fleisch hineingeben und rundherum anbraten. Dann die Schalotten drum herum verteilen. Die Steinpilze mit der Einweichflüssigkeit dazugeben. Zugedeckt 40 Minuten bei kleiner Hitze sanft schmoren.

4 Das Fleisch aus der Pfanne nehmen und zugedeckt warm stellen. Den Sud offen um die Hälfte einkochen. Die Sahne zugießen und weiter offen einkochen. Mit Cognac, Salz und Pfeffer abschmecken.

5 Zum Servieren das Fleisch in dünne Scheiben schneiden und auf vorgewärmten Tellern anrichten. Leicht salzen und die Steinpilzsahne darübergeben.

Dazu: **Baguette**

3. Gang

Apfel-Karamel

für zwei: 2 Äpfel (Boskop), 1 1/2 Eßl. Zucker, 1 Eßl. Rosinen, 2 Eßl. Rum, 2 Eßl. gehackte Haselnüsse, 1 Teel. Butter, 2 Eßl. Schmand.

für vier: 4 Äpfel (Boskop), 2 Eßl. Zucker, 2 Eßl. Rosinen, 3 Eßl. Rum, 3 Eßl. gehackte Haselnüsse, 1 Teel. Butter, 4 Eßl. Schmand.

1 Die Äpfel schälen, entkernen und in dicke Spalten schneiden. In einen Topf geben. Einen Eßlöffel Zucker und Rosinen dazugeben. Den Topf schließen und die Äpfel bei mittlerer bis kleiner Hitze etwa 15 bis 30 Minuten dünsten.

2 Rum darunterheben und die Äpfel abkühlen lassen.

3 Haselnüsse mit Butter in der Pfanne unter Wenden leicht anrösten. Den restlichen Zucker darüberstreuen und unter Rühren bräunen, karamelisieren. Sofort aus der Pfanne nehmen.

4 Zum Servieren je einen Eßlöffel Schmand auf die geschmorten Äpfel geben und darüber den heißen Nußkrokant verteilen.

Die Rezepte sind alphabetisch nach den wichtigsten Zutaten geordnet. So finden Sie zum Beispiel „Salbei-Forelle" unter „Forelle, Salbei-". Vorspeisen (V), Beilagen (B) und Desserts (D) sind hinter den Rezeptnamen in Klammern gekennzeichnet.
Die vegetarischen Rezepte erkennen Sie am .